スヌーズレンの理論と実践方法
―スヌーズレン実践入門―

ISNA日本スヌーズレン総合研究所所長 **姉崎 弘** 監修

姉崎 弘・高橋眞琴・井上和久・桃井克将 編

大学教育出版

①代表的なホワイトルーム（ドイツ・フンボルト大学、バブルチューブ・プロジェクターの映像・ミラーボール）
②ホワイトルーム（オランダ）・ハルテンベルグセンター、ファイバーカーテン・リーフチェアー・クッションチェアー）
③ホワイトルーム（ドイツの特別支援学校）（天井にパラシュート・ミラーボール・プロジェクターの映像）

④

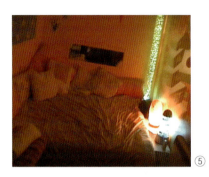
⑤

⑥

⑦

⑧

④小さなホワイトルーム(英国)
⑤ゆったりとしたベッドとバブルチューブの置かれたプライベートな部屋(英国)
⑥大きなウォーターベッドとファイバーツリーカーテン(オランダ・ハルテンベルグセンター)
⑦マルチセンソリールーム(英国)(すべてリモコンで操作)
⑧ホワイトルーム(オランダ・リニューアルしたハルテンベルグセンター)

⑨

⑩

⑪

⑨病院内のスヌーズレンスペース（日本）
⑩スターライトとウォーターベッド（オランダ）
⑪ホワイトルームのファイバーカーテンとソファー（韓国）

⑫ 感覚を刺激する廊下と壁面（光と温度の異なる廊下、いろいろな素材でできた触覚ボード）
⑬ 触覚ボード（柔らかな素材・固い素材などからなる）
⑭ 見たり、触ったりでき、音が鳴ったりするボード
⑮ トゲトゲリングとトゲトゲボール（マッサージに使用）
⑯ さまざまな香りのダクト
⑫⑬⑯はオランダのハルテンベルグセンター

⑰天井のパラシュートにカラーランプでライトアップした廊下（デンマーク）
⑱ブラックライトを照射したオーガンジーの空間（日本の特別支援学校）
⑲ソフトプレイルーム（英国の Special School）
⑳子ども病院の中のスヌーズレンプール（カナダ）
㉑オミ・ビスタ・プロジェクターの映像（デンマーク、センサーで空間に入った物体によって映像がはじかれる）
㉒バブルチューブと電飾（ドイツの Special School）

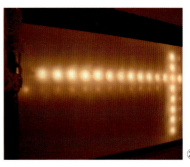

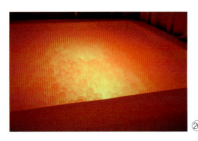

㉓ブラックルーム（オランダ、蛍光チューブ・鏡・床面の下に蛍光の植物）
㉔ボールプール（デンマーク、周りをソフトな厚手の面で囲っている）
㉕センソリーボード（オランダ・ハルテンベルグセンター、ボードを触ったり、声や音を出すと反応して、ボードが縦横に光ったり、音を鳴らす）
㉖光るボールプール（日本、プールの下にいろいろな色を発光するLEDライトを装着している）

まえがき

　わが国にスヌーズレンが初めて紹介されたのは、私が調べたところでは、1989年だと思われます。これは当時重症心身障がい児施設に勤務する職員のベルギーでの海外視察の研修報告書によります。それから今年で約30年の年月が経過しました。この間に、代表的な機関として、1999年に「日本スヌーズレン協会」が設立され、次いで2015年に「ISNA日本スヌーズレン総合研究所」などが設立されました。

　前者は、創始者の一人、アド・フェアフール氏（以下、アド）などを日本に招聘して、セミナーの中で、主にスヌーズレンの歴史や理念、実践の紹介を行い、日本社会にスヌーズレンの基本的な理解啓発を図り、普及させました。その功績は大きいといえます。一方後者は、姉崎がISNA（国際スヌーズレン協会）の創始者の一人、ドイツ・フンボルト大学教授のクリスタ・マーテンス博士を招聘して、研修会等を通じて主にスヌーズレンの理論や実践方法についての正しい理解を促し、スヌーズレン研修会や学会でのスヌーズレンシンポジウムの開催や研究発表、機関誌「スヌーズレン教育・福祉研究」の発行を行ってきました。今日、全国的に見た場合、主にこの両団体が、毎年関東や関西地区でさまざまな研修会活動などを展開し、全国のスヌーズレンの実践者や研究者の資質向上に努めてきております。

　これまで、わが国で出版されたスヌーズレン関係の書籍としては、以下の5冊があります（主タイトルのみ記します）。

　①河本佳子氏の著書『スウェーデンのスヌーズレン』（新評論、2003年）と②『スヌーズレンを利用しよう！』（新評論、2016年）の2冊、さらに、③姉崎　弘の『スヌーズレンの基礎理論と実際』（監訳、大学教育出版、2009年）、本書は現在第2版復刻版（学術研究出版/ブックウェイ、2015年）として入手が可能です。④『スヌーズレンの基本的な理解』（編著、国際スヌーズレン協会日本支部、2012年）、本書は現在絶版になっております。さらに⑤『重度知的障がい者のここちよい時間と空間を創るスヌーズレンの世界』（福村出版、

2015年）の3冊になります。これらの書籍が、スヌーズレンに従事する人々や研究者、さらにスヌーズレンに関心をもつ人々の、いわば入門書として、大きな役割を果たしてきたことは否めません。

　私は以前、静岡県の養護学校(現特別支援学校)に十数年勤務しておりました。1993年当時、肢体不自由特別支援学校で重度・重複障がい児の教育を担当していた時に、これまでの教職経験から、これらの生徒たちが、五感を適度に刺激する「光と音楽の世界」が好きなことから、ディズニーの曲をバックに用いた「夢の国へ行こう」という題材で、今日のスヌーズレンに当たる授業をすでに実践していました。その後、大学に移ってから「スヌーズレン」という用語を知った次第です。この授業の中で、生徒たちが、毎回の授業を楽しみに待ち、興味を持って参加し、自発的な発声や体の動きがよく出ていたことを昨日のことのように思い出します。

　今日スヌーズレンの普及は目覚ましく、特別支援学校や障がい者施設、病院、リハビリテーションセンター、個人宅などでもルームが徐々に設置され、スヌーズレンの器材や用具を購入したり、手作りによる自作の用具を用いて、さまざまな実践が推進されております。これには上述した両団体の活動やこれまでに出版された書籍の他に、特に有限会社コス・インターナショナルと株式会社ピーエーエスをはじめ、三笠産業株式会社、さらにマインドテクノ株式会社などの企業によるスヌーズレン器材や用具の宣伝・販売活動及び製品開発が大きな力になっております。

　ところで、これまでスヌーズレン研修会の折などに、参加者から「スヌーズレンの実践の仕方がよくわかりません」「スヌーズレンの実践の評価の仕方を教えて下さい」「器材を買うお金がない中で取組んでいますが、この取組みはスヌーズレンと呼べるのでしょうか」などといった声を耳にすることがたびたびありました。以前からこれらの実践現場でのさまざまな疑問に答える必要性を痛感し、今回スヌーズレンの基本をわかりやすくまとめたテキストの出版を企画した次第です。

　そこで、初心者にもわかりやすいスヌーズレンの理論の平易な解説と、国内外の学校・施設・病院などでのさまざまな実践を集めて、本書『スヌーズレン

の理論と実践方法 ─ スヌーズレン実践入門 ─』を出版することにしました。本書は、スヌーズレンの理論と実践を概説した、いわば実践を行うための主にユーザーを対象にした入門書になります。執筆にあたっては、ISNA日本スヌーズレン総合研究所のサポート研究員の方々を中心に、広く全国の優れた研究者および実践者の方々に原稿を依頼し、20名を超える皆様方が執筆に協力してくれました。皆様方のご協力に心より感謝を申し上げます。

　アドの話によると、今日世界の6か国(オランダ・ドイツ・スイス・韓国など)において、スヌーズレンの資格を授与するセミナーが開催されています。そこで、わが国においても、今後、世界に通用する質の高いスヌーズレン実践を推進していくために、本研究所では、今後スヌーズレンの専門資格「スヌーズレン専門支援士(仮称)」を創設し、資格取得のためのセミナーの開催を計画しております。そして有資格者を中心に、将来、全国の学校や施設、病院等でルームづくりや利用者のニーズに応じたスヌーズレン実践が展開されていくことを切に願っております。本書はその資格セミナーで使用するテキストとしても企画しました。

　本書では、スヌーズレンの実践を始める際に必要とされる理論や実践に関する必須知識を網羅するように努めました。具体的には、創始者たちのスヌーズレン思想やマーテンス博士の学説、海外の実践の紹介、脳科学に関する知見と評価の仕方、代表的な器材・用具の使い方、実践の仕方のガイドライン、さらに学校や施設、病院などにおける多くの実践事例を収録し、スヌーズレンの基本的な考え方からその実践の仕方までを体系的に学べるように編集しました。今後、本書がスヌーズレンを実践する際の基本テキストとして、各方面で活用されることを念願しております。

　特に、第6章の「スヌーズレンの実践事例」に取り上げた学校・病院・施設等におけるさまざまな実践は、職員が手探りの中で実践を模索し、より良いものにしていこうと努力された貴重な報告になっております。今後さらに、実践から得られたさまざまな知見をもとに今の実践を見直すと共に、実践の基盤をなす理論の研究や研修も同時に深めていくことで、利用者にとってより効果的なスヌーズレンの実践が展開されると考えております。

なお、本書に掲載した写真及び事例は、本人・保護者・関係機関の承諾を得た上で掲載していることを付記しておきます。また口絵のカラー写真は、私が海外のスヌーズレンルームを視察した際に撮影したものが主になっています。

　最後に、本書の出版を快く引き受けて下さった株式会社大学教育出版の佐藤守社長と編集担当の渡邉純一郎氏には、本書の企画から編集、出版に至るまで大変お世話になりました。ここに記して心からの感謝を申し上げます。

平成 30 年 9 月吉日

　　　　　　　　　監修・編者代表
　　　　　　　　　ISNA日本スヌーズレン総合研究所所長　姉崎　弘

スヌーズレンの理論と実践方法
—— スヌーズレン実践入門 ——

目　次

まえがき ……………………………………………………………………… i

第1章　スヌーズレンの歴史・理念・思想 ……………………… 1

第1節　スヌーズレンの歴史　2
1. 創始者たちの経歴　2
2. スヌーズレンを始めるまでの経緯　3
3. アクティビィティ・テントでの実践　3
4. Snoezelen（スヌーズレン）の用語の創出　5
5. スヌーズレンの実践　6
6. スヌーズレンの基本思想　7
7. スヌーズレンの理念　9
8. スヌーズレンルームと器材・用具　11

第2節　創始者たちによるスヌーズレンの思想　14
1. スヌーズレンの基本となる考え方　14
2. スヌーズレンの思想　18
3. 創始者たちの根本思想と功績　19

第3節　ISNAの設立とマーテンス博士の学説を中心に　21
1. ISNA（国際スヌーズレン協会）の設立とスヌーズレンの定義　21
2. SnoezelenとMSEの用語について　23
3. スヌーズレンの指導法・実践法の三角形　24
4. スヌーズレンの概念と理念　25
5. スヌーズレンが成立するための基本要件　26
6. ISNAによる「介助者のための基本的なガイドライン」草案　28
7. マーテンス博士の功績　29

第2章 海外のスヌーズレンの取組みと日本における導入の経緯 …… *31*

第1節 ヨーロッパの取組み　*32*
1. オランダ・ハルテンベルグセンターにおける実践　*32*
2. ドイツ・フンボルト大学における実践と研究　*37*
3. イギリスにおける実践　*39*
4. デンマークの福祉施設における実践　*45*
5. スウェーデンにおけるスヌーズレンの実践 ── サフィーレン・ゴングローテンス保育園・アンネバーグスコーラン小学校 ──　*47*

第2節 北米と韓国とオーストラリアにおける取組みと日本への導入の経緯　*53*
1. カナダの子ども病院における実践　*53*
2. 韓国のリハビリテーションセンターにおける実践　*55*
3. オーストラリアのSpecial School（特別支援学校）における実践　*57*
4. 日本におけるスヌーズレン導入の経緯と取組み　*60*

第3章 スヌーズレンの脳科学と評価 …… *63*

第1節 スヌーズレンの神経学的基礎理解と評価　*64*
1. 大脳辺縁系の機能とスヌーズレン　*64*
2. スヌーズレンの神経学的基礎理解　*65*
3. スヌーズレンにおける感覚評価とその意義　*68*

第2節 スヌーズレンの効果の科学的検討　*77*
1. スヌーズレン効果の神経生理学的示唆　*77*
2. スヌーズレンが生体に及ぼす効果についての生理心理学的検討　*78*
3. ヒトのワーキングメモリとスヌーズレン　*82*
4. 活動としてのエビデンス ── 包括的評価 ──　*85*

第4章　スヌーズレンルーム、器材・用具とその使用法 … 89

第1節　スヌーズレンルームの紹介と使用法　90
1. スヌーズレンルームの紹介　90
2. スヌーズレンルームの設置と使用法　92
3. スヌーズレンルームの安全対策　95
4. スヌーズレンルーム利用の際のガイドライン　96

第2節　スヌーズレンの器材・用具の紹介と使用法　98
1. スヌーズレンの代表的な器材・用具の紹介　98
2. スヌーズレン器材・バブルチューブの開発　103
3. サイドグロウの使用方法について　105

第5章　スヌーズレンの実践の仕方 …… 109

第1節　スヌーズレン実践における介助者（または指導者）の基本姿勢　110
1. スヌーズレンの実践を行う前の確認事項　110
2. 利用者の気持ちやニーズに応じた環境を設定します　110
3. 介助者または指導者の基本姿勢　111
4. スヌーズレンは器材等を媒介にした「人と人との触れ合い」です　112
5. より少ない刺激で最大限の効果を目指します　112
6. リラクゼーションとしてのスヌーズレンの利用方法　113
7. 教育やセラピーとしてのスヌーズレンの利用方法　113

第2節　スヌーズレンの実践形態と二項関係の実践について　115
1. スヌーズレンの実践形態　115
2. スヌーズレンの二項関係の実践について　116

第3節　重度・重複障がい児へのスヌーズレンの授業の全国調査結果　118
1. 調査の目的と方法　118
2. 調査結果の概要　118

第 4 節　発達支援とスヌーズレン　*121*

1. 特別支援学級における心理的な安定を図る指導の重要性とスヌーズレンによる授業の可能性 ── 中学校自閉症・情緒障害特別支援学級の調査結果から ──　*121*
2. 複数の障がいのあるお子さんが参加した際の評価　*124*
3. 特別支援学校における「集団によるスヌーズレンの授業」の目標設定と評価について　*126*

第 6 章　スヌーズレンの実践事例　*129*

第 1 節　特別支援学校におけるスヌーズレンの実践　*130*

1. スヌーズレンを活用した「おはなし」の授業の取組み ── アラビアンナイトの世界へようこそ ──　*130*
2. 「自然とゆらぎ」の要素のある環境設定と「触れる」温もりを重視した教育の実践　*134*
3. 知的障がい児の主体性を高める自作スヌーズレンルームを活用した授業実践　*141*
4. ストーリー性をもった授業展開「うみの中のくだものの木の実践」　*148*

第 2 節　通常学校におけるスヌーズレンの実践　*152*

1. 小学校・特別支援学級での自閉スペクトラム症児へのスヌーズレンの授業実践　*152*
2. 小学校・通級指導教室でのスヌーズレンの授業実践　*156*
3. 小学校・通常学級在籍の発達障がい児への別室でのスヌーズレンの授業実践　*160*

第 3 節　病院の重症心身障がい児者病棟と認知症施設におけるスヌーズレンの実践　*164*

1. スヌーズレンを導入した重症心身障がい児（者）への療育支援　*164*
2. 重症心身障がい病棟における重症心身障がい児（者）への実践　*168*
3. 重症心身障がい児（者）のグループ療育活動におけるスヌーズレンの実践　*173*
4. 重度認知症高齢者の作業療法におけるスヌーズレンの実践

――心地よく主体的に過ごせる環境の再現に向けて―― *178*

第4節　障がい者施設・生活介護事業（通所）におけるスヌーズレンの実践　*184*

1. 障がい者施設におけるスヌーズレンの取組み ── 癒しの時間の共有　*184*
2. 生活介護事業（通所）におけるスヌーズレン実践とその意義　*189*
3. 重症心身障がい者通所施設におけるスヌーズレンの実践方法 ── 感覚ニーズに応じた環境の設定への取組み ──　*193*

第5節　子育て支援施設・放課後等デイサービス・個人宅におけるスヌーズレンの実践　*199*

1. 子育て支援施設における実践事例　*199*
2. 放課後等デイサービスにおける利用者の特性とスヌーズレン　*201*
3. 個人宅におけるリラクゼーション空間としての活用と地域への貢献活動の展開　*202*

あとがき ……………………………………………………………… *205*

付録　フェイスシート ……………………………………………… *206*

執筆者一覧 …………………………………………………………… *211*

第1章
スヌーズレンの歴史・理念・思想

第1節と第2節では、姉崎　弘監訳（2015）『重度知的障がい者のここちよい時間と空間を創るスヌーズレンの世界』（福村出版）の書籍の内容を参考に、スヌーズレンの歴史と思想について述べることにします。

第1節　スヌーズレンの歴史

1. 創始者たちの経歴

　創始者のヤン・フルセッヘ（Jan Hulsegge、以下、ヤン）は、元小学校教師で不適応児の教育を担当し管理職を経験しています。また音楽療法士です。1974年からオランダのエデ（Ede）にある知的障がい者入所施設のハルテンベルグセンター（De Hartenberg Centre）でアドと共にスヌーズレンの初歩を開始したといわれます。同センターに知的障がい者による管弦楽団を組織し指揮しました。またヤン夫妻は、ポーランドに年に数回定期的に通い、ボランティアとしてスヌーズレンを作っていかれたパイオニアです。

　一方、もう一人の創始者のアド・フェアフール（Ad Verheul、以下、アド）は、初め農業・林業を学び、後にデザイン・芸術セラピー・芸術教育を学び、1973年からハルテンベルグセンターで作業療法部門のスーパーバイザーを担当しました。1977年に、ヤンと共にスヌーズレンの考えを初めて導入した

図1　創始者のヤン（左）とアド（右）

といわれます。アドは、オランダにあるSnoezelen WorldWideのスポークスマンとしても活躍し、2002年にクリスタ・マーテンス博士（Prof. Dr. Krista Mertens）と共に、ISNA（International Snoezelen Association：国際スヌーズレン協会）を共同で設立し、8年間共同代表を務めました。現在、ISNA-MSEという別の組織のInternational Board（国際理事）として活躍し、資格セミナーの講師も担当しています。

2．スヌーズレンを始めるまでの経緯

　ヤンとアドは、1974年に「初歩の活動」（後のスヌーズレン）と呼ばれるレクリエーション活動を開始し発展させました。そして1977年に、2人でスヌーズレンの考えを初めて導入しました。

　1978年に、ティルブルグにある知的障がい者センターのPiusoord（ピウソード）に勤務していた同僚の仲間から、「アクティビィティ・テント」での活動（音、光、風船、干し草などを利用したもの）で、利用者の積極的な反応が見られたとの知らせを聞き、ハルテンベルグセンターのサマーフェアでも、この「アクティビィティテント」を企画し創意工夫をして実践することになりました。この時、デイケア部門の多くの部屋を使用して、かなり広い部屋を一時的に「スヌーズレンルーム」として設置しました。2年目のこの活動（スヌーズレン）は、2日間で延べ400人以上の利用者（オランダ国内の仲間たちがほとんど）があり、この取組みは国内外で発展していきました。

　そして1979年に、ハルテンベルグセンターに常設のスヌーズレンルームの建設計画を立て、1983年に最初のスヌーズレンルームが完成しています。同センターは、2017年に約35年ぶりにリニューアルされています（口絵にその写真をいくつか掲載してあります）。

3．アクティビィティ・テントでの実践

　図2は、アクティビィティ・テント内の様子です（テーマ別に5つの部屋に仕切られています）。これは、いわば、棒の上に屋根を乗せたテントをつくり、プラスチックで廊下をつくり、丈夫な布で側面を覆い、スヌーズレンルー

図2 アクティビィティテントの中の様子
（1978 〜 1979 年頃）（Verheul, 2006 p17）

ムにしてあります。この迷路のようなスペースで一連の活動を行います。ただ視覚的には仕切りましたが、残念ながら隣の音は聞こえてきてしまいます。

図3は、図2を真上から見た時の概略図です。左から次のような5つの部屋があります。

①送風機で紙吹雪や風船を部屋中に飛ばす部屋、②布に映写して影絵を見たり、ソフトなクッションや干し草の中に音の出るオモチャが隠してある部屋、③鏡の壁と音響のコーナー、さまざまな楽器のコーナーとシャボン玉のコー

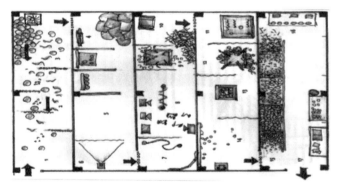

図3 テントの中の仕切りと各活動
（Verheul, 2006 p18）

ナーのある部屋、④手でさまざまな触覚を楽しむコーナー、スライムや鏡の置いてあるコーナー、⑤歩くとさまざまな刺激を足裏に感じるコーナー、匂いを嗅ぎ食べ物を味わうコーナー、音の鳴るオモチャを吊るして、触れて音を楽しむコーナー、からなります。また図3では、➡は通路を表わし、最左端の部屋から入って最右端の部屋から外に出られるようになっていて、いわば、一つの通路が作られています。この実践は、多くの利用者やその家族から大変喜ばれ、大成功でした。

4．Snoezelen（スヌーズレン）の用語の創出

オランダのハーレンダール入所施設に勤務するレクリエーション部の2人の若い職員、Klaas Schenk（図4の右端）とNiels Snoek（図4の左端）の2人が、はじめに「スヌーズレン」の用語を創出したといわれます。この2人は、オランダで軍務を拒否した人たちで障がい者の施設で働いていました。一方、図5は、ほぼ同時期にハルテンベルグセンターで組織されたスヌーズレンチームです。

このスヌー・スレン（Snoeslen）という最初の用語は、その後「スヌー・ズレン（Snoezelen）」という用語に整理され、今日もこの用語がオランダをはじめ、世界中で使用されています。これは、スヌーズレンの中で利用者の行動に主に

図4　1974年当時
（姉崎，2015 p24）

図5　ハルテンベルグセンターのスヌーズレンチーム
左端がアド、左から3人目がヤン（姉崎，2015 p24）

見られる「クンクン匂いを嗅ぐ（Snuffelen：スヌッフェレン）」と「ウトウト居眠りをする（Doezelen：ドウズレン）」の2つのオランダ語の折衷からなる造語です。このスヌーズレン（Snoezelen）という用語は、オランダ語やドイツ語の辞書にも掲載されています。

5. スヌーズレンの実践

　1960～70年代前半の頃は、重度の知的障がい者たちの多くは施設に入所していて、いわば「受け身的な世界」で暮らしていたといわれます。日本でも、重症心身障がい児施設が1960年代に東京都と滋賀県に設立されています。オランダにおいては、重度知的障がい者は、病人ではないにもかかわらず、一日中ベッドに横たわり、まわりに白衣を着た看護師が身の回りのお世話をしてくれるといった、何の刺激もない病院のような環境で暮らしていたといわれます。創始者たちは、この有様を見て、このような処遇は非人間的であると考え、重度知的障害者の人間としての尊厳を守り、このような人たちも、日中興味をもって楽しく活動でき、有意義な日常生活が送れるようにしてあげたいと考えて、その簡単な方法を探っていて、スヌーズレンを考え出したといわれます。

1980年代当時、オランダから始まったスヌーズレンは、アクティビティ・テントの成功と、利用者の保護者たちからの高い評価もあり、保護者たちの口コミでオランダからベルギーへ広がり、1990年代には、イギリス、ドイツ、デンマーク、スウェーデン、ノルウェー、カナダ、オーストラリア、日本、アメリカなどへ、広がり発展していきました。スヌーズレンは、ヨーロッパ中の多くの国や知的障がい者や認知症者のケアセンターで取り入れられ、毎日のケアの「自然な構成要素」として徐々に溶け込んでいったといわれます。

　当時の知的障がい者や認知症者に対するスヌーズレンの効果に関する研究では、非常に良い結果が得られていて、例えば、スヌーズレンを利用することで、利用者に対しては、①一般的に見られる行動（例えば、多動傾向など）が極端に減少したり、②周りの環境に関心を持つようになったり、③職員とのコミュニケーションが増えたり、④攻撃的な行動が減少したり、⑤薬物にあまり頼らなくてもよいようになったり、さらに職員に対しては、⑥職員の病気が大幅に少なくなり、職員の仕事の満足度も高くなり、職場環境の改善に寄与したといわれます。

6. スヌーズレンの基本思想

　「スヌーズレンとは何か」については、究極のところ個人的な体験でしかわからないものであるといわれます。私たちは、普段外界をあまりにも理屈っぽく見すぎています。自分自身のもつ五感を十分に活用していないことが多いといえます。例えば、トランポリンがあります。今日ではオリンピック種目にもなっています。私たちは普通、それは飛び乗り、その上で上下に弾み、回転したりするものと捉えています。しかし、この見方を変えて、「そっとその上に寝転んでみる」と、しばらくしてわずかな身体の揺れを身体のより深い所で感じることができ、この時自分の身体が支えられていることを感じます。これは、普段感じることのできない、新しい新鮮な感覚といえます。

　知的障がい者は、一般的に身体的には受け身の段階にあると考えられています。例えば、匂いを嗅ぐ、食べ物を味わう、人や物を見る、音や声を聞くこと。こうした五感を用いた活動を通して、彼らは経験する感覚の世界にいて、

快・不快の域を超えない体験をしています。そしてその自分の経験を多くの場合、自分の言葉で表現することができません。私たちは、このような彼ら独特の特性やその世界を理解し尊重するべきです。

　そこで、最も重要なことは「人と人との触れ合い」であるといわれます。重度知的障がい者の場合、主に触覚を通して外界を理解しようとします。その出発点となる考え方は、スヌーズレンの時に感じる感覚を彼らと職員がお互いに分かち合うということです。一般に、触覚よりも、視覚が優先されます。しかし視覚と触覚の複数の感覚を用いて、同時に感じてみるとします。そうすると、視覚のみで感じた時よりも、強烈な経験として脳に記憶されます。このことは、知覚心理学の研究で実証済みです（北岡，2011）。

　スヌーズレンは、知的障がい者のケアで発展した一つの活動です。1950年代以前は、軽度と中度の知的障がい者は、教育と作業療法の対象とみなされていました。ただし、重度の知的障がい者は教育と作業療法の対象から除外されていました。それは、重度の方には、教育と作業療法を行うことは難しいと考えられていたからです。そして彼らは、入所施設では介護のみが必要とされる存在であると考えられていたことから、実質的に彼らは、皆から「取り残された人々」であると見なされていました。

　重度の知的障がい者は、部屋の雰囲気やちょっとした変化にもとても敏感です。私たち健常者は、その理性的な判断から周りの物を理解して認知しようとするため、自分自身の持っている本来の五感を使用したり、より純粋な経験をすることを妨げていると考えられます。スヌーズレンは、特にこの重度知的障がい者を対象にして、特別に開発されたものであるといわれます。

　遡ると、1966年にアメリカの心理学者、クレランド（Cleland, C. C.）とクラーク（Clark, C. M.）は、その論文の中で、今日のスヌーズレンの部屋を「感覚カフェテリア」と呼びました。これは、カフェテリアに行くと、自分が飲みたいと思う飲み物や食べ物を好きに注文して飲食して楽しむことができるように、感覚の部屋では、自分の好む光の視覚刺激や好きな曲の聴覚刺激など、好きな感覚刺激を注文して、自分にとって楽しい有意義な時間を過ごすことができることを意味しています。そして二人はこのような楽しい環境では、自閉ス

ペクトラム症と知的障がいを併せ持つ人々の行動が変容する可能性があることについて、すでに論文の中で指摘していました。

　創始者たちは、多くの重度知的障がい者が入所している施設で働きながら、たえず施設の運営改善のための新しいアイデアを探していました。重度の知的障がい者は、自分の持つ「触覚」を通して、より深い認知を得ていると考えられます。彼らは、一般的に、言葉を用いたコミュニケーションが難しく、そのことから不満を抱いたり、無気力な状態に置かれやすくなります。そこで、このような彼らの実態から、彼らに必要な活動の一つとして、五感を活用したスヌーズレンが生まれたといわれます。

7. スヌーズレンの理念

　利用者の保護者たちは、スヌーズレンの中で自分の子どもたちが自分から主体的に活動している姿を目の当たりにして、普段の施設での生活からは見られない、子どもたちの生き生きとした姿に接して、子どもたちは「この環境から何かを経験しているに違いない」「何かを学んでいるに違いない」と強く感じたといわれます。

　スヌーズレンは、まず人間の環境を最適化する経験の一つです。それは、普段見過ごしている感覚を使う機会を提供してくれることから、私たち自身にとって、より良い環境の設定を可能にしてくれます。そこで大切なことは、私たちが彼らに対して主導的にならないように、彼らの身体に触る必要があります。そしてスヌーズレンは、何よりも彼らに「やすらぎ」をもたらす活動です。彼らは、時に見通しが持てないまま、いろいろな活動に受け身で参加することが多くあります。そのため、たえず不安と脅威にさらされやすいと思われます。そこで、彼らに必要なのは、まず心がやすらぐ活動である、と考えられました。それはまた新しい作業活動でもあるといえます。

　またスヌーズレンとセラピーには明らかな関連性があるといわれます。ただスヌーズレンはどこででも行えるものです。私たち職員が、彼らの感じ方を学べばいい。それが大切です。施設での彼らの生活を見ていると、彼らは一つの活動から他の活動に急かされていることが多く見受けられます。そこでは、彼

らにとって、活動のペースが速すぎる場合が多く、自分のペースで活動することができないでいます。ですから、彼ら自身の持つ「ペースを尊重すること」は、彼らの持っている能力を最大限に引き出し、活用させるための必須条件といえます。

　スヌーズレンを彼らが自分一人で行っているのではなく、私たち介護福祉士の介助者と一緒に行っていると彼らに感じとらせたいと願っています。ただし、彼らに必要以上に干渉したり、彼らの行動を正したりするべきではありません。これでは、彼ら自身が自らの活動を心から楽しめなくなるからです。ここで大切なことは、彼らが「私たちをスヌーズレンの仲間と感じるようにしたい」ということにあります。そのため、時には、「強い抱擁をしてあげること」が大切です。それは、私たちの存在を彼らに身体的に感じとらせるためにも極めて重要なことです。

　特に、スヌーズレンの中では、彼らが「安心していること」が大切です。このことは、介助者側にも同じようにいえることです。介助者自身が、何よりも安心しながらスヌーズレンを行うことが大切です。また私たちが彼らの活動に干渉しすぎると、スヌーズレンが日課になってしまうので、ここは注意する必要があります。

　また器材の購入予算が不足している時は、部屋の中に置かれた「クッションのコーナー」は多くの可能性があります。つまり、クッションを見て、彼らはまずそこに横になりたいと思います。そのすぐ横に介助者もいっしょに横になります。そしてお互いに心地よさを感じます。次に、枕やクッションを用意したり、ほどよい刺激量のライトを点け、心地よい音楽をかけたりすると、とても居心地のよい空間になってきます。このようにして、初めからスヌーズレンのルームや器材がなくても、徐々にスヌーズレンに近い心地よい環境を設定していくことは可能なのです。

　居住施設におけるスヌーズレンのねらいは、「利用者の選択とペース」を考慮した魅力的な環境を設定して、主要な刺激を選択できるようにすることにあります。そしてスヌーズレンは、常に小規模な活動になっています。個人で行うか、3〜4名くらいで行うのが理想です。スヌーズレンルームの使用は、彼

らの自発的な行動によるべきです。そこに強制的に連れていくようなことは決してしません。また火気の安全性の面では、特別な注意が必要になります。

8. スヌーズレンルームと器材・用具

　スヌーズレンルームの中では、長めのコードの使用を極力減らす必要があります。これは、コードに足が引っかかったり、破損の原因にもなるからです。そこで、リモコンの使用が推奨されます。リモコンを用いることで、職員もスヌーズレンの実践に集中して取り組むことが可能になるからです。またくつろげるように、柔らかな床面が必要です。床面に一つの大きなクッションを置くこともできます。これを見たら人はすぐに座りたくなるものです。またクッションのカバーがはずせて洗濯しやすいことも重要です。カバーのデザインと触覚の有用性のバランスが効果をもたらします。そして外部の好ましくない雑音などの不快な刺激をできるだけ排除した、静かな部屋をつくることが大切です。

　スヌーズレンを行う上で、できれば調光器を使用して、ルームを少しずつ暗くしたり、少しずつ明るくしたりできるとなおよいです。まったくの暗闇は、人には怖いものです。また心地よい家具（ソファーやベッド等）はルームでは必需品になります。

　ヘッドフォンを使用することで、音声や音楽を集中して聞くことが可能になります。彼らは、音だけではわかりにくいので、目で「音」を「光」として見えるようにすることで、より深い理解が得られます。このように、音と光の組み合せを提供することで、刺激を彼らが効果的に知覚することができます。

　ライトオルガンは、音が鳴ると電球が光るという器材です。音を鳴らす頻度を多くし、音量を上げることで、電球がより明るく光ります。音楽は、リラクゼーションの一つの形でもあります。利用者の中には、自ら大きな声で叫ぶことで強い光効果を作って楽しんでいる人もいます。音は、聴覚ばかりではなく、触覚、たとえば、音の振動としても感じられます。振動する床では、私たちは音も知覚することができます。フットチャイムは、人が床面を歩くと、音が鳴り、しかも光るように作られています。

スヌーズレンでは、ルーム全体を映写面として利用することから、天井や壁、床面を白くします。これがホワイトルームです。そして床面は柔らかなマットで覆うようにします。理想的なスヌーズレンルームは、縦・横約 6.7 m、高さ約 5.5 m です。映像の映写には利用者の行動を考慮して、より大きなルームが必要です。そして部屋には、鋭角の角がないこと、背もたれをまわりに置くことが重要です。

　多くの重度知的障がい者は、特定の嗜好を持っています。もちろん嫌いな物もあります。たとえば、触覚素材に匂いを結びつけることが考えられます。フェルトに匂いの液体を 2 〜 3 滴落とすと、よい匂いがします。また匂いの詰まったチューブを持ち上げて、好みの匂いを嗅ぐことができます。彼らは、匂いに対する感じ方が私たちとは異なると考えられます。

　ボールプールは、経験的に 1 つのボールの直径が 6 cm のものが最もよいサイズで、深さは 60 cm が最もよいとされています。鏡をボールプールの周りの壁や天井に付けると、さらに魅力的に映ります。ただし、定期的な掃除が必要で、2 週間に 1 回はクリーニングする必要があります。水のオルガンは、オルガンの音量の高さが噴出水の高さを決めています。

　スヌーズレンの真の音楽は存在しないと考えられています。つまり、お店でスヌーズレンの音楽を購入することはできないといわれます。しかしスヌーズレンの音楽のための基準はあります。これまでも述べましたが、周りの刺激の適切な選択と不要な刺激の削減により、彼らの世界から「混沌と脅威を少なくしたい」と考えます。彼らの世界は、しばしば緊張にさらされていることから、彼らをまずリラックスさせてあげたいと考えます。そのためにそのような音楽を選択する必要があります。

（姉崎　弘）

引用・参考文献

姉崎　弘（2013）スヌーズレンの誕生と歴史．スヌーズレン研究，1，pp5-12.

Cleland, C. C. & Clark, C. M. (1966) Sensory deprivation and aberrant behavior among idiots. American Journal of Mental Deficiency, 71 (2), pp213-225.

Hulsegge, J., & Verheul, A. (1989) Snoezelen ankther world. ROMPA. U.K. 姉崎 弘 監訳（2015）重度知的障がい者のこころよい時間と空間を創るスヌーズレンの世界．福村出版，pp19-161.

北岡明佳（2011）知覚心理学 ― 心の入口を科学する．ミネルヴァ書房，p193.

Verheul, A. (2006) Snoezelen Materials homemade pp15-18.

第2節　創始者たちによるスヌーズレンの思想

1．スヌーズレンの基本となる考え方

　スヌーズレンでは、私たち職員も、彼らと一緒にスヌーズレンに完全に参加することから、彼らの観察はどうしても主観的なものになるため、彼らの客観的な観察は難しくなります。特に、スヌーズレンでの彼らの行動の観察では、普段と比較して彼らの行動は変わるのか、あるいはより静かになるのかなど、をよく観察することです。この時に観察した記録データの定期的な評価は必ず必要です。これは、スヌーズレンのさらなる発展のために不可欠なものです。彼らが、ルームの特定の物や場所を気に入っているのかどうかを見いだすことも大切です。そして何回自分から進んでルームに来たのかを記録することです。

　スヌーズレンルームを設置する場合、次のようなアウトラインを作成することが大切です。

　①利用者の人数、②利用できるスペース、③安全要件、④メンテナンス（毎年の維持費等）、⑤財政面（安全面と衛生面は決して節約しないこと）。

　私たちは、彼らのレベルに降りて、彼らとコミュニケーションを取る他の方法を見つけなければなりません。それは、私たちには彼らの普段の行動の理解が難しいからです。そこで、彼らのレベルに降りていってコミュニケーションを取るには、折に触れて彼らを抱きしめたり、彼らの側に寄り添って一緒にマットの上に横になったり、ソファーに座ったりする必要があります。

　その際、私たちの彼らへの影響は、最初は最小限でなければなりません。私たちは、彼らから送られてくるサインをたえず受け入れなければなりません。そして私たちは、彼らのコミュニケーションレベルに降りることで、はじめて彼らと親しくなることができます。私たちはもはや、彼らの指南役ではなく、彼らといっしょの活動に完全に参加する、平等なパートナーといえます。

　彼がなぜそこに座るのか？　最初はよくわかりませんが、注意深く見ると、そこに何かあるように見えます。たとえば、大きなスポットライトが数時間照

らした床面の上の温かい地点であったなどです。このようなことを私たちは、つい見落としてしまいがちです。そのようなちょっとした感覚の喜びを楽しむ時間を過ごすことを、彼らが私たちに教えてくれています。私たちは、彼らからスヌーズレンについて学ばされるのです。

　また私たちの身体全体を使って、周りの環境を感じることは、すべての感覚が最適に使われるという総合的な経験になります。そのよい例が、バブルユニット（バブルチューブや土台を含む一式）です。バブルユニットは、下から泡が次々に出てきて、音がして、振動もしています。色が赤や黄、青、緑などに時々刻々と変化していきます。このように、泡の音や振動、色の変化といった聴覚・触覚・視覚の刺激を同時に私たちに提供してくれます。このことによって、私たちの持っている感覚が総動員されて、心地よく（あるいは最適に）刺激を感じとることができます。このバブルユニットは、スヌーズレンを代表する器材の一つです。

　スヌーズレンは、専門的な知識を必ずしも必要としない活動でもあり、何年ものトレーニングを必要としない情緒的な活動で、直接的な作業が要求されない活動です。周りの環境を適切に設定することで、環境から刺激を受け取るという意味では、本来受動的な活動ともいえます。

　スヌーズレンの環境は、多様性に富んだ刺激を提供していて、常に私たちを魅了しています。彼らが、私たちがどこに座るかを決めます。私たちは、彼らに適応することを要求されます。彼らは、直接的な活動を私たちから何も期待されていません。その一方、普段私たちは自分の作った予定に縛られ、ある意味で自分に苦痛を与えています。スヌーズレンは、特に「自由なスヌーズレン」の場合には、時間や日課、食事時間等とは関係なく自由に行われるべきです。

　スヌーズレンでは、彼らが職員にスヌーズレンについて教えてくれます。職員は、彼らが何に本当に興味があるのか？　ミラーボールの光のつぶなのか？　それともバブルチューブの泡の振動なのか？　職員は、彼らの行動を見て、そこから学ぶ姿勢が大切です。創始者たちは「スヌーズレンが、たとえ教育的な現象だとしても……」と述べています。この言葉から、創始者たちは、スヌー

ズレンが教育活動であることを暗に認識していたと考えられます。

　オランダでは1980年代後半から、スヌーズレンルームがしばらく利用された後、ルームが撤去されるか、あるいはスヌーズレンが軌道に乗らない施設が多いのが現状であるといわれます。このことは、今日も同じで、日本でも繰り返されています。このスヌーズレンが利用されなくなってしまう要因として、筆者は以下の4点をあげられると考えています。

　①計画もなく、器材だけをいくつも購入したことから、その使用方法や配置の仕方がわからないため、途中で挫折してしまった、②スヌーズレンを導入した頃に熱心だった職員が配置換えで部署が変わったため、その後を引き継ぐ職員がいなくなった、③突発的な器材の故障により修理等ができず、また修理する費用もないため、継続した実践ができなくなった、④職員に対する「スヌーズレンの理論と実践方法」に関する研修機会の不足、などがあげられます。

　創始者たちは、スヌーズレンは、第一に、ある種のリラクゼーションであると主張しています。これはレクリエーションではなく、厳密には「やすらぎを与える活動」のことです。そしてスヌーズレンによってもたらされる「感覚の活性化」と「リラクゼーション」の両者のバランスをとることを重視しています。このような状況での経験は、おそらくさらなる発達を促すとも考えられています。

　スヌーズレンの中では、確かに治療的な効果も見られます。たとえば、自閉スペクトラム症者や強度行動障がい者に見られる自傷行為や破壊行動の減少が見られます。このように確かに、教育的効果や治療的効果が見られますが、創始者たちは、彼らの発達と治療をスヌーズレンの中心的な機能にしたいわけではありませんでした。しかし、もう一方で、スヌーズレンは、彼らの発達、感覚の活性化、セラピーにも使用することができるとはっきり述べています。このことは確かなことです。すなわち、このことから、創始者たちはセラピーや教育といった概念とは異なるオリジナルな概念として、スヌーズレンを位置付けようとしていたことが伺えます。

　創始者たちの哲学にしたがって、ここではスヌーズレンの目的をあえて述べないことにします。すなわち、スヌーズレンの利用法は自由だといわれます。

これには、主に以下の3つの利用法があります。①リラクゼーションを目的とした活動、②セラピーを目的とした活動（プログラム）、さらに③教育（発達支援）を目的とした活動（プログラム）にも利用することができます。ここでは、利用者が自分の目的に応じて、自由に利用法を選択できることが基本的に重要になります。

どのように利用するかは、介助者や指導者が一方的に決めることではありません。あくまでも、利用者（または家族）の意思や主体性を第一に尊重して決める必要があります。ただし、これまでの経験から、セラピーのように所定の活動を一定の順番で与えようとすることに対して、彼らはそれを嫌がるかもしれません。

この点に関して、スヌーズレンには多くの可能性があります。創始者たちは、スヌーズレンを明確に規定せず、リラクゼーションやセラピー、教育に、自由に適用することができると考えています。またルームに専門的な器材が設置されていたらスヌーズレンルームで、ルームに専門的な器材が設置されていなかったらスヌーズレンルームとは呼べない、というようなことは決してありません。これは、ニュアンスの違いにすぎません。したがって、専門的な器材、たとえば、バブルチューブやサイドグロウなどがなくても、スヌーズレンルームをつくって、スヌーズレンを実践することはできます。

スヌーズレンの分析・評価に関しては、スヌーズレンを合理的に分析しようとすると、その独特の「ぬくもり」を無視する危険を冒すことになります。またスヌーズレンを厳格に分析しようとすると、意識的に利用者に接する意味が失われるといわれます。筆者の考えでは、スヌーズレンは、感覚の世界で利用する各人にさまざまな感じ方や情緒的な余韻をもたらすものであるため、いわゆる科学的で合理的な分析だけでは、正しく分析や評価を行うことには限界があると考えられます。しかしより良いスヌーズレンの実践のためには、スヌーズレン場面の分析と評価は必ず必要になります。それによって、実践の見直しや改善が図られていくからです。スヌーズレンのこのような特性を考慮すると、利用者に寄り添う職員による主観的な評価（内省報告を含む）と、ビデオ録画等を活用した第三者も加わっての客観的な評価の2つを併用して、総合

的に評価を行う方法がより適切であると考えられます。

　特に、重度知的障がい者の適切な活動の範囲は比較的狭いといえます。彼らが、まず触覚を頼りにして、自分を取り巻く環境や周りの人に接しようとしていることを忘れてはなりません。スヌーズレンでは、さまざまな感覚を総動員して、最適な知覚と経験を可能にするように刺激を選択して与えます。

　スヌーズレンを職員に講義する研修会の講師は、まずスヌーズレンの哲学を理解する必要があります。それは、①その場の雰囲気、②対象者個々人の好みとペースの尊重、③刺激の選択、④職員の態度、の4つです。そしてこのようなスヌーズレンの原理を学び、扱う必要があります。

　最後に、自分でスヌーズレンの器材や用具をつくる上での注意点となるポイントは、①けが等の危険性がないこと、②材料が最高品質であること、③火気の安全性の確保、④メンテナンス、⑤完全に非毒性の素材であること、が重要になります。

2. スヌーズレンの思想

　これまでも述べてきましたが、最も重要なことは、「人と人との触れ合い」だといわれます。特に触覚が重要です。彼らがあなたをスヌーズレンの仲間だと感じることです。そのために、強く抱きしめてあげることが大切です。何よりも彼らの横に座ることが大切です。そして彼らも私たちもお互いに安心感を感じられることが大切です。創始者たちはスヌーズレンを明確には定義しませんでしたが、スヌーズレンは「やすらぎの活動」です。私たちが彼らの感じ方を学ぶこと、彼らの選択とペースを尊重すること、彼らの世界から混沌と脅威を減らすことが重要です。そのために、彼らの緊張をとり、リラックスさせてあげたいと思います。私たちは、彼らに適応することが要求されています。私たちも、単純なちょっとした感覚面の喜びを楽しむ時間を過ごすことを学ぶことが求められています。彼らの行動が私たちにスヌーズレンについて教えてくれています。それに謙虚に耳を傾けることです。

　彼らのケアに関わるすべての活動は発達を目的にしています。スヌーズレンによる関わりは、さらなる発達を促すと考えられます。同時に、スヌーズレン

はある種のリラクゼーションであるともいえます。しかしスヌーズレンは、彼らの発達、感覚の活性化、セラピーにも使用することができます。スヌーズレンの利用法は自由です。利用者の希望により、リラクゼーションとしての実施の他に、教育やセラピーとして実施することも可能です。さらに、スヌーズレンルームでの利用者の行動観察と定期的な評価はスヌーズレンの発展のために、ぜひとも必要な取組みです。

3. 創始者たちの根本思想と功績

　これまで述べた内容からも、創始者たちの思想の根本に、当時の重度知的障がい者に対する無理解な処遇のあり方への反省から、彼らに対する深い理解と愛情、人としての限りないやさしさが感じられます。彼らを日常生活におけるさまざまな不安と脅威から守り、人間としての尊厳を大切にした安らいだ日々の生活を保障するために、スヌーズレンが考え出されました。ルームや器材も大切ですが、何よりも彼らの気持ちを理解して共感でき、不要な不快刺激をできるだけ排除し、そばに自分が安心できる人の存在が必要です。スヌーズレンは、やすらぎの活動であり、リラクゼーションが主になりますが、教育やセラピーとしても利用することができるので、さまざまな利用の仕方があることを知ることが大切です。またより良いスヌーズレンの実践のためには、利用者の行動観察の記録と定期的な評価と見直しが何よりも不可欠になります。

　2003年に、筆者が参加した、オランダのハルテンベルグセンターで開催された第2回国際スヌーズレンシンポジウムの中で、創始者の一人であるヤンは、講演の中で次のように述べていました。

　　お金や名誉のためではなく、重度知的障がい者自身のために、夜遅くまで働き、仲間と共に議論を重ねてきました。「スヌーズレンの最も大きな功績とは何か？」と聞かれたら、重度知的障がい者の「できないこと」ではなく、「できること」に着目した、人々の新しい見方や態度を新たに導入し、それを発展させたことです。彼らを直接変えるのではなく、彼らを取り巻く周りの環境を快適なものに整えることで、彼らのより良い変容を引出したことです。

このことは、スヌーズレンが利用者の周りの環境を調整して統制する「環境設定法」(河本, 2003) であるといわれるゆえんです。

今日においても、障がいのある本人の「できること」に着目した支援のあり方は、本人に無理のない理にかなった支援の基本であり、何よりも重要な関わり方であると考えられます。

(姉崎　弘)

参考文献

姉崎　弘 (2013) スヌーズレンの誕生と歴史. スヌーズレン研究. 1, pp5-12.

Hulsegge, J., & Verheul, A. (1989) Snoezelen ankther world. ROMPA. U.K. 姉崎　弘監訳 (2015) 重度知的障がい者のこころよい時間と空間を創るスヌーズレンの世界. 福村出版, pp19-195.

河本佳子 (2003) スウェーデンのスヌーズレン. 新評論.

Mertens, K., & Verheul, A. (2005) Snoezelen-Application fields in practice International Snoezelen Association, pp21-23.

第3節　ISNA の設立とマーテンス博士の学説を中心に

1．ISNA（国際スヌーズレン協会）の設立とスヌーズレンの定義

　次に、マーテンス博士（Prof. Dr. Krista Mertens）の業績を中心に述べることにします。2002年10月に、ドイツ・ベルリンにあるフンボルト大学において、アドとマーテンス博士が共同でISNAを設立し、第1回国際スヌーズレンシンポジウムが開催されました。ISNAはInternational Snoezelen Association（国際スヌーズレン協会）の略語です。このISNAは、アドとマーテンス博士が8年間共同代表を務めましたが、もともとマーテンス博士の主導により組織されたものです。マーテンス博士は、フンボルト大学のリハビリテーション学部の教授でしたが、特に創始者たちが始めたスヌーズレン実践を早くから視察され、自らも追実践して、その理論化に取組み、ISNAの国際大会でいち早くスヌーズレンの科学的研究の必要性を世界に訴えた先駆者です。

　この第1回国際スヌーズレンシンポジウムの大会テーマは、「スヌーズレン ― 多くの国、多くの考え方 ― 」でした。日本を含む世界12か国から参加がありました。マーテンス博士は、40年ほど前に早くからアドと親交をもち、10か国からなる同じような考え方を持つ人たちとISNAの活動を開始しました。このISNAは、スヌーズレンの効果の研究や資格セミナーの開催を行う、国際的で学術的な研究・研修団体です。特に、マーテンス博士は、創始者たちのスヌーズレンの実践をさまざまな形で自ら追実践して、学問的にその理論化を図りました。このISNAの主な活動は、以下のとおりです（ISNAのホームページ（www.isna.de）から翻訳）。

クリスタ・マーテンス博士

①国内外の各代表者たちとの協働により推進します。
②ネット上や雑誌、書籍を通じて、専門的な文献の紹介を行います。
③実践者の教育と訓練のためのネットワークの確立を図ります。
④さまざまな適用分野での方法と内容を深め発展させます。
⑤多動行動の改善や身体意識の向上、幸福、休息とリラクゼーションなどにおけるスヌーズレンの効果の研究を推進します。

マーテンス博士によるスヌーズレンの定義（1）は、次のとおりです。

> スヌーズレンは、「クンクン匂いを嗅ぐ」と「居眠りする」の語から派生しています。
> 　意図的に設計された部屋（ほとんどは白い部屋）の中で、光と音の要素、香り、音楽の使用は、感覚的で魅力的な世界へと導きます。これらは、異なる知覚領域においてリラックス効果と活性的な効果の両方が知られています。
> 　特別に設計されたスヌーズレンの部屋は、刺激を導き、調整します。それは、人に興味を引き起こしたり、記憶を呼び起こしたり、相互の関係を導いたりします。
> 　スヌーズレンは、幸福感や落ち着いた雰囲気を導き、恐れは取り去られ、人々は安心を感じます。スヌーズレンは、セラピーとしてだけではなく、発達の促進としても、幼児から高齢者に至るまで、あらゆる発達段階にある人々に対して用いられています。
>
> 　　　　　　　　　　　　　　　　　　　　　　――（姉崎，2012 p5）

「スヌーズレン（Snoezelen）」の用語は、オランダからヨーロッパ等に広がっていきましたが、一方、スヌーズレンより少し遅れて「多重感覚環境（Multi-Sensory Environment: MSE）」の用語が、イギリスやアメリカ、オーストラリア等の英語圏で使用されていました。

ISNAは、2010年に、スヌーズレンの創始者たちを含む世界の有識者9名からなる研究班を組織し、「スヌーズレン」の用語の整理やこれまで不明確であった定義などの再検討を一年間かけて行い、ISNAに加盟する各国の支部長に、2011年10月に以下のような草案を示しました。当時の日本は、姉崎が支部長を務めていましたので、この草案が筆者に送られてきました。ただし、これは研究班全員の統一見解には至らず、今日でも案となっていることに留意す

る必要があります。

2010年に、マーテンス博士がフンボルト大学を退職したのを契機に、アドとマーテンス博士は二人ともISNAの代表を辞し、代わりに、デンマークのモーリッツ（Eijgendaal, M.）がこれを引継ぎ、代表に就任して組織名をISNA-MSEと改めています。またマーテンス博士は、その後2012年にドイツを中心にISNA-Snoezelen Professional e.V.を新たに組織しています。今日、世界にはこの2つのスヌーズレン（MSE）の国際団体があり、それぞれ毎年国際大会を開催して研究及び実践成果などの発表を行っています。

2. SnoezelenとMSEの用語について

MSEの理論研究の第一人者であるポール・パーリアノ博士（Pagliano, P.）によれば、今日ISNA-MSEでは、SnoezelenとMSEは同義であると認めています（Pagliano, 2017）。

2011年設立のISNA-MSEによるスヌーズレンの定義（2）は次のとおりです。

> 「多重感覚環境(Multi Sensory Environment：MSE) ／ Snoezelenとは、利用者、介助者、そして複数の感覚刺激を提供する環境の継続的でデリケートな関係に基づいて構築された知的な諸活動です。MSE ／ Snoezelenは、1970年代半ばに誕生し、現在では世界中で実践されており、生活の質の向上に関する倫理的な原則に基づいています。
> 　共感に基づく手法であるSnoezelenは「レジャー」「セラピー」及び「教育」などの分野に適用されており、認知症や自閉スペクトラム症など、特別な介護を必要とする人々だけでなく、あらゆる人々が楽しめる空間で実践されています。」
> ── スヌーズレンの有識者からなる研究班の草案（2011年10月）（訳：姉崎弘）(http://www.isna-mse.jp/gaiyou.html)（参照日：2012年5月1日）

3. スヌーズレンの指導法・実践法の三角形

　マーテンス博士（2003, 2012）は、2012年の日本における講演の中で、最も重要な「スヌーズレンの指導法・実践法の三角形」がスヌーズレンの基本中の基本であることを強調しています（図7参照）。

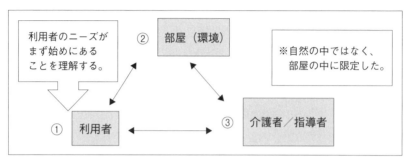

図7　「スヌーズレンの指導法・実践法の三角形」（姉崎, 2012 p27 一部改変）

　図7に示したように、スヌーズレンはまず利用者のニーズが始めにあって、「利用者」と「部屋（環境）」と「介護者（指導者）」の三項関係から成り立っています。すなわち、スヌーズレンでは、利用者が部屋（環境）に入って楽しむだけではなく、そこに介護者（指導者）が必ず介在して、この三項関係による相互作用として取組まれます。介護者（指導者）の介在しない取組みは、基本的には本来のスヌーズレンとは呼べない取組みになることに十分留意する必要があります。

　また図7において、マーテンス博士はスヌーズレンを自然の中ではなく、部屋の中に限定しました。その理由は、自然はその環境を人が統制することができないからです。しかし自然の中にもスヌーズレンの多くの要素が存在することは事実です。

　ただし、利用者が部屋で、一人で好きな器材や用具を用いてスヌーズレンを楽しみ、リラックスする取組みもされています。この場合に

MSEの理論研究の第一人者
ポール博士（Paul Pagliano）

は、二項関係における「スヌーズレン的な取組み」と呼ぶことができます（第5章第2節2．p116〜117を参照）。

4．スヌーズレンの概念と理念

> マーテンス博士は、スヌーズレンは以下の4つの側面をもつと考えています。
>
> ①**自由な（レジャーとしての）スヌーズレン**
>   休息とリラックスに役立ちます。利用者主体の取組みです。
> ②**セラピーとしてのスヌーズレン**
>   スヌーズレンは「神経物理学的基礎に立つ運動療法」と位置づけられ、諸機能の回復・維持等に役立ちます。ただし、これは作業療法士（OT）が行う場合に限定されます。
> ③**教育的発達支援としてのスヌーズレン**
>   教育的意図をもった関わりによって、子どもの発達を促進させます。これは教師が学校で行います。
> ④**学習方法としてのスヌーズレン**
>   通常学級での学習に比べて、スヌーズレンルームでの学習の方が、児童生徒の知識の習得度が高い（記憶に残りやすい）ことが知られています。
>
> 　　　　　　　　　　　　（姉崎，2009 pp21-25；姉崎，2012 p19 一部改変）

「スヌーズレンは、特別にデザインされた部屋の中で、制御された多重感覚環境（Controled Milti-Sensory Environment）の刺激を通して、対象者に幸福感を導く活動である」といわれます。この理論的根拠は脳の神経学的基礎理解からきています（第3章第1節1．p64参照）。（Mertens, K. 2003 より）

　上述の先行研究の知見から、スヌーズレンの概念は、大きくレジャー、セラピー、教育の3つの概念を統合したものと考えられます。筆者は、スヌーズレンの概念がレジャー・セラピー・教育であることを、図8に示して2007年に発表しています。

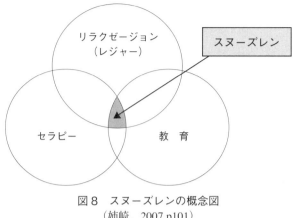

図8 スヌーズレンの概念図
(姉崎，2007 p101)

5. スヌーズレンが成立するための基本要件

スヌーズレンが成立するための基本要件(改訂版)(姉崎，2018 p2 一部改変)

> スヌーズレンでは、対象者と介助者(指導者)と環境(部屋内の器材や用具)との三項関係を基本的に踏まえた上で、介助者(指導者)は、以下の5つの基本要件を満たすように、その空間を適切にコーディネートすることが重要です。
>
> ①対象者の感覚的ニーズに応じた心地よい環境の設定(本人の心がやすらぐ時間と空間)
> ②対象者の自己選択の機会(本人の好む楽しい活動の保障)
> ③対象者の主体性の発揮(本人が自ら周りの人や環境に働きかける)
> ④対象者に寄り添って触れ合い共感する姿勢(本人の気持ちを共有する)
> ⑤対象者が集中しやすい静かな環境の設定(本人が周りの刺激や環境に集中できる配慮)

言い換えれば、スヌーズレンの実践では以下の5つの基本要件を満たすことが重要です。
　①本人の心がやすらぐ「心地よい環境」の設定

②本人の好む器材や用具、環境を「自己選択」する機会の保障
③本人が自ら外界の人や環境に働きかける「主体性」の発揮の機会
④本人と介助者（指導者）が気持ちを共有するための「触れ合いと共感」の姿勢
⑤本人が周りの刺激（環境）に集中するための「個別または少人数による活動」への配慮

　すなわち、スヌーズレンでは、まず対象者の感覚的ニーズに応じて心地よい環境になるように、介助者（指導者）がルームや器材・用具等を準備し環境を調整します。次に、実践の過程では、介助者（指導者）は対象者の行動をよく観察して、本人の好む楽しい活動ができるように、器材等を適切に配置してコーディネートします。その際、対象者の自己選択の機会を保障し、本人の主体性が発揮できるように本人のペースに留意します。ここで大切になるのが介助者（指導者）の役割です。

　上述した介助者（指導者）のコーディネートの前提条件として、介助者（指導者）は対象者の快や不快の気持ちを自分の気持ちとして感じ取れるように、普段から対象者に寄り添い触れ合い、対象者の気持ちに共感するように努める姿勢が特に重要です。またスヌーズレンの環境は精選された刺激空間のため、対象者が自分の周りの刺激に注意を集中して心地よさを感受できるように、できる限り周りの雑音を排除するように努める必要があります。そのため、スヌーズレンを行う環境としては、大人数で行うよりも、できれば、個別または少人数による活動の方が雑音が少なくなり、より望ましいといえます。

　対象者に寄り添う介助者（指導者）は、単にその場にいて対象者の活動を見守るだけではなく、対象者の気持ちに寄り添い、その思いを自分のことのように感じ取る（共感する）ことで、ルームや周りの器材・用具を適切にコーディネートしたり、対象者の楽しそうな思いに共感して一緒に楽しさを共有したり、時には対象者のニーズの変化に応じて、器材や用具の配置、対象者への関わり方を適宜変えたりする重要な役割があります。そして対象者がスヌーズレンの中で、充実した楽しい時間と空間を過ごせるように配慮することが重要で

す。このように介助者（指導者）には、スヌーズレン・セッションの質を決めるコーディネーターとしての重要な役割があります。したがって、スヌーズレンでは、「対象者」と「介助者（指導者）」と「環境」の三項関係がまず基本になり、その上で上記の5つの基本要件を満たす必要があるといえます。

6. ISNAによる「介助者のための基本的なガイドライン」草案

ISNAは2011年に、以下のようなスヌーズレンを実践する上での「介助者のためのガイドライン」草案を公表しています。

①通常は30分間が最適です。最長時間は、利用者に応じて、60分間から120分間となります。
②スヌーズレン/多重感覚環境のセッションは、同じ介助者が担当するように努めます。
③利用者の健康状態は入室前に確認して下さい。
④スヌーズレンルームは、利用者が入室する前に準備します。
具体的には、音楽の選択、カーテンの使用、使用する器材、クッションや枕の選択などは、利用者が入室する前に調整します。利用者のニーズに応じて、空間を準備します。
⑤スヌーズレンルームを使用する時は、利用者の感覚的ニーズに配慮して下さい。
⑥利用者が恐怖感を覚えて、退室したいといった場合は、利用者の気持ちを尊重して下さい。
⑦スヌーズレンルームに利用者を一人にしてはいけません。介助者は利用者を観察して、相互作用を図り援助して下さい。
⑧介助者は利用者の主体性を尊重してコミュニケーションを取って下さい。
⑨コミュニケーションは、言葉だけでなく、接触やボディランゲージも使用します。
⑩介助者の存在は重要です。介助者は環境の一部であり、環境自体に影響を与えます。スヌーズレン/多重感覚環境は、環境、介助者、利用者の相互作用が大切なことを忘れないで下さい。
⑪スヌーズレンルームの室温、換気、空調は、利用者が心地よいように調整します。
⑫介助者は、必要に応じて、他の専門家、利用者の両親、教師、セラピスト、医師などの助言に耳を傾けて協力して下さい。

⑬利用者が環境を建設的に作れるように、器材類は利用者が調整できるようにします。

ISNA（2011）「スヌーズレン/多重感覚環境のガイドライン」草案
（http://www.isna-mse.jp/gaiyou.html）（訳 姉崎　弘）参照日：2012年5月1日

7. マーテンス博士の功績

　スヌーズレンがオランダのエデで新しく始められるや、マーテンス博士はいち早くオランダに赴き、つぶさにその実践を観察した後、自らも創始者たちの考え方や実践を追実践し、その実践の理論化に尽力されました。

　その功績として、筆者は以下の点があげられると考えています。

1. スヌーズレンの実践を科学的に捉え直して、その理論化を図りました（これまでドイツ語によるスヌーズレンの専門書を3冊出版していて、その中には英語版や日本語版、韓国語版もあります）。
2. フンボルト大学で、世界のISNAを設立し、世界のスヌーズレンの研究と実践をリードし、世界に向けてスヌーズレンの普及と理解啓発を図りました。
3. スヌーズレンの専門資格の必要性を世界にいち早く訴え、スヌーズレンの実践研修プログラムを体系化し、資格認定セミナーのカリキュラム（12日間）を世界で最初に作成しました。
4. 毎年、世界各国でスヌーズレンの資格セミナーを開催し、自らスヌーズレンの理論と実践のセミナーを担当され、スヌーズレンの専門家を世界で多数養成してきています。

　　　　　　　　　　　　　　　　　　　　　　　　　　（姉崎　弘）

引用・参考文献

姉崎　弘（2007）英国のSpecial SchoolにおけるSnoezelenの教育実践に関する調査研究 ── Snoezelenの概念をめぐって ──．三重大学教育学部研究紀要，58，pp99-105．

姉崎　弘編著（2012）スヌーズレンの基本的な理解 ── マーテンス博士の講演「世界のスヌー

ズレン」─. 国際スヌーズレン協会日本支部, pp19-28.
姉崎　弘（2015）韓国におけるスヌーズレンの取組みに関する聞き取り調査 ─ わが国の今後の課題を見据えて ─. 大和大学研究紀要, 1, pp23-28.
姉崎　弘（2018）「スヌーズレンが成立するための基本要件」の改訂版について. スヌーズレン教育・福祉研究, 2, pp1-3.
ISNAの主な活動　http://www.isna.de（参照日：2003年8月1日）
Mertens, K. (2003) Snoezelen- Eine Einführung in die Praxis. Verlag modernes lernen Borgmann. 姉崎　弘監訳（2009）スヌーズレンの基礎理論と実際 ─ 心を癒す多重感覚環境の世界 ─. 大学教育出版, pp21-25.
Pagliano, P. (2017) Mulisensory Environment and Snoezelen. スヌーズレン教育・福祉研究, 1, pp15-18.
スヌーズレンの定義　ISNA-MSEのホームページ
　http://www.isna-mse.org/isna-mse/snoezelen.html（参照日：2015年8月20日）

第 2 章
海外のスヌーズレンの取組みと日本における導入の経緯

第1節　ヨーロッパの取組み

1. オランダ・ハルテンベルグセンターにおける実践

　創始者たちによって始められたスヌーズレンの発祥の地、オランダのエデにあるハルテンベルグセンターの中にあるスヌーズレンルームを、2008年の筆者の調査に基づいて紹介します。ここは、基本的に、廊下の部分と3つのルームから構成されています。

図1　スヌーズレンルームの置かれている建物の外観（2008年当時）。

図2　入口すぐの廊下の部分。ライトの色で温度が異なります。

図3　廊下を横から見た所。壁に触覚を刺激するさまざまな素材が設置されています。

図4　さまざまな木片を合わせた触覚ボード。

第2章 海外のスヌーズレンの取組みと日本における導入の経緯　33

図5

図6

図7

図5・図6　廊下にあるインタラクティブなボード。手をたたくと、点滅したり、音声を発したりします。

図7　廊下にある香りの入ったダクト。チューブごとに異なる香りが閉じ込められています。
ラベンダーやローズなどの香りがあります。

図8　廊下を奥から見たところ。光ファイバー・カーテンが天井から吊り下げられています。

図9　ホワイトルームへ向かう入口で、蛍光チューブが上から垂れています。

図8

図9

図10 第1のルームにあるボールプール。2つの大きなボールプールがあり、壁面は鏡効果のあるアクリル製で作られています。

図11 ボールプールの側にあるリーフチェアー（左）。

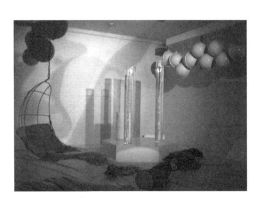

図12・13 第2のルームにあるホワイトルーム。大きなスタジオになっていて、大きな映像がゆっくりと回転し、バブルチューブとリーフチェアー、ゆったりと横になれるクッションチェアー、身体を横にしてくつろげる低反発の心地よいマットなどが置かれています。

図14 第3のルームにあるインタラクティブな空間。スタジオに立ちマイクに向かって音声を発すると、大きなセンソリーボードの明かりが点滅して、同時にスタジオの床面がブルブルと震える仕組みになっていて、因果関係を学ぶことができます。

図15 大きなウォーターベッドで大人が3人横になって寝ることができます。側にある光ファイバーカーテンも天井から吊り下げられています。

図16・17 心理的に不安定な重度知的障がい者や自閉スペクトラム症者がコーン状の形の隙間に身体を入れて、コーンの先端部に丸く穴の開いた用具をかぶせることで、身体全体が包み込まれて、心から安心して落ちつくことのできる時間を過ごすことができます。

このようにハルテンベルグセンターには、人間の五感をさまざまに刺激する空間や器材・用具が多数用意されています。特に、スヌーズレンの器材は、ヤンとアドがアイデアを出し、近隣にある元障がい者向けの教材・教具の製作会社であるバリーエモンズ社のバリー社長が器材等を開発していったといわれます。

スヌーズレンは、重度の知的障がい者でも、本人の持てる五感を用いて周りの感覚刺激を受容することで、十分に楽しむことが可能です。廊下の部分だけでも、人の視覚や温覚、聴覚、触覚、嗅覚を心地よく刺激する空間になっています。各人の好みによって、廊下にある、比較的温かく感じる場所に自分の頬や手のひらを当てて過ごしている人がいたり、触覚ボードで自分の好きな素材（柔らかい・固い等）の感触を楽しんでいる人がいて、人により楽しみ方はさ

まざまです。

　また第一のルームでは、ボールプールに入って、ボールに身体を包まれて、リラックスと安心感を深く感じるのが好みの人がいます。

　第二のホワイトルームでは、自分の好きな場所に行って、クッションに身体を横たえて、ゆっくりと過ごすことで、深いリラクゼーションを感じている人もいます。プロジェクターの映像（例えば、雲や青・緑色などのリキッドの模様等）や曲はさまざまなものが用意されていて、好きな映像を映写したり、音楽を聴いたりすることができます。リーフチェアーに横になると、身体が宙に浮かんだような錯覚にとらわれ、ゆったりとくつろぐことができます。

　第三のインタラクティブなルームでは、利用者が作用 ― 反作用の因果関係を学ぶ機会になります。自分の為した行動の結果が外界を変える、という楽しみを知ることができ、自然に自発的な行動が何度も引き出されます。またウォーターベッドでは、自分の身体のわずかな動きによっても、身体の深い所から自分の身体がやさしく支えられているのを感じることができます。

　重度知的障がいや自閉スペクトラム症の利用者には、不安感を軽減するための装置が置かれていて、自分の身体を包んでもらうことで情緒を安定させ、安心感を得ることができ、日常生活を落ち着いて過ごすことを可能にしています。

　スヌーズレンは、もともと重度知的障がい者のために特別に開発されたものですが、同時に、健常者においても、心理的な安定が得られ、日々のストレスや疲れを癒してくれる空間にもなっています。

　この空間は、一人で自由に過ごすことも可能に見えますが、基本的には、五感を適度に刺激する本人の好む環境の中で、利用者と介助者が相互に関わり触れ合うことで、介助者が利用者に寄り添い、その思いに共感した声かけを行うことで、利用者の人としての尊厳を重視した、より深い人間的な交わりを持つことができます。そして人としての喜びや楽しさを分かち合うことを可能にします。こうした環境の中での人と人との触れ合いを重視した取組みこそが、スヌーズレンの目指しているものといえます。

（姉崎　弘）

2. ドイツ・フンボルト大学における実践と研究

　筆者は、2008年に文部科学省による海外派遣の機会に恵まれ、ドイツ・ベルリンにあるフンボルト大学リハビリテーション学部のマーテンス博士の研究室に留学しました。ここでは、その当時のフンボルト大学の中に設置されていたスヌーズレンルームを紹介します。校舎の地下におよそ50畳ほどの広いワンルームのスヌーズレンルームがありました。

　8月の夕方17時からこのスヌーズレンルームで、"long Night of Listening"に参加しました。音楽療法士のMartin Buntrock氏が製作したCDがBGMとし

図1　バブルチューブとプロジェクターの映像。天井にパラシュートがあり、床には厚さ4cmほどのマットが敷かれています。

図2　スクリーンに映写した海の映像。

図3　天井に設置されたミラーボール。

図4　ルームの奥にファイバーカーテンが天井から吊るされています。

図5 ルームの奥側から見たルームの全景。天井はそれほど高くありませんが、ベッドやソファーがいくつも置かれ、くつろげる空間になっています。

て流れていました。海の波の寄せる音を基調とした、心安らぐ落ち着く曲です。成人の参加者（女性が多い）が常時5~6人参加していました。皆、思い思いの場所で横になり、くつろいだ時間を過ごしていました。全員目をつぶり、曲に聞き入っていました。

　ここのスヌーズレンルームは大変広く、2つの部屋を合わせたくらいのスペースがあります。バブルチューブ（2本）を鏡に反射させ、ミラーボールは静止させて照射、光ファイバーカーテンは、壁の上部から横に伸ばして、床に垂直に垂らしていました。大きなウォーターベットが一つ、スターカーペットが部屋の中央部の床面に、天井には大きなパラシュートが設置され、まん中の部分を天井に固定して、雲のような形を再現していました。ソーラープロジェクターでは、雲がゆっくりと流れる映像を使っていました。もう一つ入り口に、静止画の海岸の映像が映し出されていました。そのすぐ横に、泡が出ない、色の変化するチューブが1本置かれていました。参加者には、入室前に別室で脈拍を各自で30秒間測り、その後40分間のスヌーズレンに参加した後に、再度各自でその寝た姿勢で、脈拍を測定し、用紙に数値を記入していました。このスヌーズレンには、ベルリン市民が1日でおよそ250名、入れ替わり立ち替わり参加していました。時間は、夕方17時から深夜の0時までです。

　また学生のMathias Andersさんの行ったスヌーズレンの卒業研究では、手の指先から皮膚電流の計測（リラックスすると、すぐに反応する）、前腕から筋電図の計測、さらに心電図の計測といった生理心理学的な手法を用いた

研究を行っていました。今後、一般社会の人々がスヌーズレンを使用する際の基礎研究として位置づけられています。またマーテンス博士の研究として、ADHD児の注意力の向上、リラックスの促進に関する科学的研究があり、グラフ化しています。しかし、スヌーズレンの効果を実証するには、まだ時間を要すると考えられています。

(姉崎　弘)

3．イギリスにおける実践
(1) Special school（特別支援学校）での実践

筆者は2005年にイギリスのSpecial School（特別支援学校）を調査しています。ここでは、その中から知肢併置の特別支援学校Kennel Lane School（Berkshire州）での実践を紹介します。イギリスでは、日本と異なり、多くのSpecial Schoolが複数の障がい種に対応できる学校になっているのが特徴の一つです。

本校は、全校児童生徒数155名。在籍年齢2歳〜19歳まで。障がい種別は、重度・重複障がい児41名、知的障がい児・自閉スペクトラム症児114名の学校です。見学したのは、中学部の知的障がい児のクラスでのスヌーズレンの授業です。広い空間で多くの生徒たちが一緒に活動していました。日本で言えば、いわゆる、集団による生活単元学習に近い授業として、自分たちでさま

図1　映写されたロケットのパイロットたち。いよいよ出発です。　　図2　自分たちで製作したロケット。アメリカの国旗が描かれています。

図4　リモコンの操作で、天井の照明が床をさまざまな模様で照らします。　　図5　リモコン操作で、映し出された光の輪。

ざまな教材や教具を手作りして、ストーリー性のある物語で、さまざまな光や音楽を利用した授業が工夫されていました。

　宇宙を題材にした多重感覚刺激に富むスヌーズレンの授業で、プロジェクターの映像でロケットの発射場面が映し出され、発射のカウントダウンの音声、大きな爆音が響き渡り、手作りの大きなロケットで宇宙探検に行くという物語です。リモコン操作で、さまざまな光の効果を出していました。

　このスヌーズレンの授業は、中学部のクラスの生徒たちの集団（約20名）による活動で、教師も8名くらいいて、広い体育館のような場所で行われていました。うす暗い空間の中で、さまざまな色彩の光や気分を盛り上げる音楽が、空間を美しく演出していました。光と音楽、音響、宇宙、ロケットの世界を子どもたちがそれぞれに感じて、楽しんでいました。

　授業は、ストーリー性のある展開でしたが、生徒たちはそれぞれ自由に伸び伸びと活動していました。このさまざまな感覚刺激に富んだ環境の中で、生徒たちは、自身の感覚を総動員して、この環境から学び、自分が感じた思いを、動作や音声で自由に表現していました。この空間の中で、走り回ったりする生徒もいましたが、その行動を叱責されたり、止められたりすることはありませんでした。むしろ教師と共に、その活動を楽しんでいました。このような感覚刺激に富み、自由な活動を許容される授業は、知的障がい児や自閉スペクトラム症児には、発達を促進する上で有効な取組みであると思われます。

姉崎の実施した調査結果（2015）によれば、わが国の肢体不自由特別支援学校におけるスヌーズレンルームの設置率は、約14％です（第5章第3節p118〜120参照）。一般に、スヌーズレンはルームの中で実施するものと考えられています。しかしこの学校のように、広い体育館で、生活単元学習のような授業の中で、手作りの教材・教具を活用して、生徒の感覚面に働きかける活動を設定することで、生徒と教師同士、生徒と生徒同士が触れ合い、共感し合いながら、楽しく主体的に活動するスヌーズレンの授業を実施することが可能です。本校の取組みは、今後のわが国の特別支援学校におけるスヌーズレンの授業のあり方を検討する上で示唆に富む実践であると思われます。

　本稿は、姉崎　弘（2007）の調査報告を再構成したものです。

（姉崎　弘）

(2) 英国のチルドレンズセンター・通常学校における取組み
ア　英国ロンドンのa地区について
　英国ロンドンのa地区は、ロンドンテムズ川近隣の特別区の一つですが、近隣にはオリンピックスタジアムなどがあります。多国籍の子どもたちが多く居住している地域です。子どもの貧困に対する無償給食などの対応もなされており、「チルドレン　イン　ニード」（支援を必要とする子ども）は、1,000名につき、10％を超える状況です。
　この地域においては、子どもたちへの学習プログラムとして、「通常学級内での協同学習」「グループでのフォニックス指導」「情緒スキル、行動スキルへの指導」「言語聴覚士による言語指導」「多国籍の子どもたちへのグループでの指導」「読み・書きの個人向け指導」「絵画を用いた多職種協働による子ども理解」「ライフストーリーとプレイセラピーのワークショップ」「スヌーズレンルーム、ソフトプレイルームの整備」など、子どもたちの学び方の違いに着目して、多様な形がとられています。

イ　域内のスヌーズレンルームの整備

　域内で特筆すべきは、子どもの早期支援を行っているチルドレンズセンターや小学校、コミュニティスクール等、各保育、療育、教育施設でスヌーズレンルームが整備されていることにあります。筆者が英国で長年研究を行ってきた研究者2名と英国調査の写真を一緒に見ていたところ、「あっ、スヌーズレン」といった声が上がるように、スヌーズレンが、とても身近なものとなっているのです。

①チルドレンズセンター

　チルドレンズセンターは、「就学前の子どものための保育やアクティビティ、妊娠中からの両親への支援、保健サービス、住居や財政の相談、言葉の問題や障がいへの支援、就労支援などが提供されており、担当地域における子どもと家族に対するさまざまなサービスの中核」（内閣府2015年度調査より）ですが、スヌーズレンの専用ルームでは、送風機、バブルチューブ、サイドグロウ、ソーラープロジェクター等の設備が整備されています。母子を対象とした健診室の横に設置されており、スヌーズレンも活用した包括的な発達支援がなされていることが見てとれます。

②通常学校における整備

　域内のプライマリースクール（小学校学齢期）、コミュニティスクール（中学校・高等学校学齢期）においても、スヌーズレンの専用ルームでは、送風機、バブルチューブ、サイドグロウ、ソーラープロジェクター等の設備が整備されています。スヌーズレンルームの横には、ソフトプレイルームとして、さまざまな形をしたクッションやブロックが設置されていました。

　学校によって、取組みが異なりますが、スヌーズレンの専用ルームでは、これらの機器と共に、児童が制作した蛍光塗料を用いた海をイメージした制作物が壁面に貼られていたり、ICT機器を併用して、その時々の児童・生徒の気持ちを表出したりする取組みもなされていました。多くの学校では、スヌーズレンルームの横には、ソフトプレイルームが併置され、さまざまな形をしたクッションやブロックが置かれている場合が多いです。スヌーズレンルームやソフトプレイルームでは、障がいの有無にかかわらず、共に活動する姿が見られる

表1 ロンドン ニューアム地区の通常学校（小学校）での午前中の時程表

時間帯 曜日	9:30-10:00	10:30-11:30	11:30-11:45
月	情緒スキルの指導	クラスでの音楽活動	選択プログラム
火	集会	クラスでの体育活動	選択プログラム
水	自閉症児の 集中力プログラム	クラスでの算数活動	選択プログラム
木	感覚面の指導 （ソフトプレイ）	感覚面の指導 （ソフトプレイ）	選択プログラム
金	<u>感覚面の指導 （スヌーズレン）</u>	合唱活動	選択プログラム

ということでした。学校によっては、スヌーズレンルームとソフトプレイルームをセンソリールームと総称する場合もありました。

　表1は、ニューアム地区のある通常学校（小学校）での午前中の時程表ですが感覚面の指導が時間割に組み込まれ、スヌーズレンを活用した学習活動も時間割上表記されていることがわかります。選択プログラムでは、例えば、フォニックスの指導や読み聞かせなど児童のニーズに応じた学習活動が少人数のグループ制で行われています。

　このように、英国ロンドンの a 地区の通常学校では、「チルドレン　イン　ニード」（支援を必要とする子ども）を含んだインクルーシブ教育の一環として、スヌーズレンを活用した教育活動が行われています。

ウ　日本国内におけるスヌーズレンを活用した保育・療育・教育への示唆

　まず、一般の乳幼児関連の公共施設において、スヌーズレンルームが設置させている例は、国内ではあまり見られないと推察されます。筆者が2017年に行ったインフォーマルインタビューにおいては、国内の公営の子どもセンターでスヌーズレンが設置されている例は、全国で数例ということでした。

　英国の乳幼児を対象としたチルドレンズセンターにおいて、スヌーズレンルームが完備されていることを考えると、田中・高橋が本書第3章2節の「スヌーズレン効果の神経生理学的示唆」（p.77 〜 78）において、「Sense（感覚

は、年齢と共に変化する。また、最初に記したように脳神経細胞は、常に変化している。早期に実践することも意義がある」と述べているように、スヌーズレンの早期実践が乳幼児の発達支援に資する部分があるとも考えられます。スヌーズレンルームが子育て支援施設や児童館、幼稚園、保育園など地域の身近な場所にあり、子どもたちや保護者の方々が、普段から気軽に活用できるように、保育におけるスヌーズレンの活用が望まれます。

　児童・生徒期においては、日本国内の通常学校に在籍する児童・生徒は、教員や黒板の方を向いて、静かに着席し、授業を受けるという一斉授業の形態が一般的となっています。特別な教育的ニーズのある児童・生徒については、このような一斉授業においては、行動調整が求められ、加配教員が横について学習を行うケースもあります。特に、発達障がいのあるお子さんの保護者が学校に求めるものとして、お子さんの「ストレスマネージメント」や「居場所づくり」があげられます。タイムアウトやクールダウンという形で、別室への移動措置や場合によっては、教室内にある「机の下へ入る」「段ボール箱の中に入る」といった措置もとられることがあります。通常学校で行われているこれらの措置は、場合によっては、発達障がいのあるお子さんを周囲の子どもたちが理解する上で、ポジティブな印象にならないケースも予測されます。英国の通常学校のように、スヌーズレンルームの日本の通常学校への整備は、発達障がいのあるお子さんへのストレスを抱える状態での「合理的配慮」の一つとして、検討することができるのではないでしょうか。

　新学習指導要領においては、「主体的で、対話的で、深い学び」がキーワードの一つとなっています。スヌーズレンを活用した学習活動によって、「幼児・児童・生徒が自らスヌーズレン機器やスヌーズレンの環境設定に関わろうとすること」「教員・支援者との相互交渉が生まれること」「スヌーズレンを活用することで自ら緊張状態を解きほぐすことを知ること」などは、「主体的で、対話的で、深い学び」の一つではないかと考えます。今後の学校の教育環境におけるスヌーズレン環境の整備や理解、教員によるスヌーズレンの活用が望まれます。

〔髙橋　眞琴〕

4. デンマークの福祉施設における実践

2008年10月に、デンマークのSilkeborg（Arhus^{オーフス}の西に位置する）にあるスヌーズレンの家を訪問しました。この時、併設されていた幼稚園とスペシャルホーム（ショートステイホーム）も訪問しました。現在のISNA-MSE会長のモーリッツ氏（Maurits Eijgendaal）が施設内を案内してくれました。

このスヌーズレンの家（Snoezelhus）は、彼が30年ほど前に作ったものです。1989年に設立され、建設費用は500サウザンドユーロ、日本円で8千万円ほどで、州立の施設になっています。スヌーズレンの家の隣には、子どもたちの家（ディケアとショートステイ）と幼稚園があります。Solboと呼ばれる施設で、同じ敷地内にあります。幼稚園は、10名ほどの幼児が利用しています。園児は週に5〜6日、家から通園しています。

日中はケアキーパーが面倒を見ていて、保護者は仕事に出かけている場合が多いです。10時30分から重度・重複障がい児あるいは重度児が利用しています。以下はルームの概要です。

①下からライトアップした廊下（図1）

廊下の天井部分には、パラシュートを軽く折りたたんだような人の目を和ませる空間になっていて、そこにすぐ下から赤・黄・青の色の付いたライトでライトアップして、素晴らしい空間を演出しています。

図1　下からライトアップした廊下の天井部分

図2　光るボールプールの中でくつろぐ幼児

②光るボールプールの部屋（図2・約6畳）

　次々と色の変わる光るボールプールのある部屋です。天井には色の変わるスターライト。ボールプールの色は、手動でも変えられます。目に鮮やかな黄色になっています。音や声の出るボードもあります。毎日隣の幼稚園から、園児たちが教師といっしょに利用しに来ています。

③ホワイトルーム（約15畳）

　教師と子どもたちが利用しています。おだやかな音楽が流れ、子どもたちも教師も共にリラックスして自由な楽しい時間を過ごしています。

④音（サウンド）の鳴るベッドとウォーターベッドの部屋（約8畳）

　マイクに向かって声を出すと、ベッドが振動します。大きな声を出すと、さらに大きく振動します。振動がベッドから子どもの全身に伝わります。子どもたちは面白くて、さらに大きな声を出したくなります。利用者の積極的な行動が引出され、笑顔が見られます。少し温かみのあるウォーターベッドが置かれています。

⑤テラスとジャグジールーム（約20畳）

　大きなガラス窓のあるテラスと、ジャグジーの付いたお風呂のある部屋です。上に置かれたシャボン玉製造機から、たくさんの泡を作り出して飛ばして遊ぶことができます。

⑥マッサージルーム（約10畳）

　マッサージを含む身体のセラピーなども受けられます。

⑦廊下等

　天井から蛍光チューブを吊り下げて、ブラックライトを照射して光の効果を演出した廊下があり、部屋の奥には光ファイバーカーテンを吊り下げています。各部屋に身体障がい児の身体を車いすから吊り上げて、身体を丸ごと移動できるリフトがついています。

⑧外のプレイグラウンド（中庭）

　成人の障がい者が介助者といろいろな遊具を使って遊びます。ここには、数名が一緒に乗れる大きなブランコやサッカーボール、三輪車などが置かれています。

（姉崎　弘）

5. スウェーデンにおけるスヌーズレンの実践 ── サフィーレン・ゴングローテンス保育園・アンネバーグスコーラン小学校 ──

(1) SAFIREN ── The Sapphire Resouce Center & The House of Senses ──（サフィーレン）

　SAFIRENは、マルメ市西南部の海岸近くの住宅地に位置します。1995年、重度の障がいを持つ人に対して適切な場所を提供したいという強い願いから、自治体による多額な投資で建設されました。建物は環境設定体験施設「スヌーズレン」とデイセンターの2つの機能を持ちます。このサフィーレンのデイセンターの利用者は22名で（視察当時）、重度の知的障がいのある成人が利用しています。盲目または弱視の方のグループ、重複障がいで24時間体制のケアを必要とする方のグループ、簡単な作業をする方のグループに分かれています。「環境設定」体験施設であるスヌーズレンには、デイセンターの利用者以外の人も訪れます。

　施設には、7つのスヌーズレンルームがあります。
　①天国の王国（ホワイトルーム）
　②月の部屋（ダークルーム）
　③バブルバス
　④マッサージルーム
　⑤ミュージック＆カルチャールーム
　⑥太陽の部屋（ボールプールルーム）
　⑦風の部屋

　各部屋は、心理学に基づいてカラーコーディネートされ、「感覚統合」のバランスを高める工夫がされたグッズなどが配置されています。人間の感覚には、聴覚や視覚などの五感の他に、重力を感知してバランスをとる感覚の「前庭感覚」や関節や筋肉などから伝わる「固有受容感覚」があり、サフィーレンでは、この感覚統合の機能を高める工夫がされています。

図1 天国の部屋

図2 マッサージルーム

図3 月の部屋

図4 太陽の部屋

(2) Gånglåtens förskola & fritidshem（ゴングローテンス保育園）

　ゴングローテンス保育園は、マルメ市郊外の住宅地に建つ、平屋造りの保育園です。マルメの子どもは大抵マルメ市立病院で生まれますが、出生後、障がいが見つかった時点で、医師の他に、理学療法士、作業療法士、言語療法士などのサポートを受け、専門の保育園に通うようになります。ゴングローテンス保育園では、6人の障がい児に対し、4人の職員が付いていますが、内2人が特別教育を受けた教師です。作業療法士たちで特別チームが編成され、児童だけでなく、保育園の職員にも定期的に指導を行います。この保育園では年に2回、特別スタッフチームと職員、両親がミーティングを行い、今後半年間の目標が設定されています。この保育園は、他に障がいのない児童のクラスも2つあります。重複障がい児の部屋には、一人ひとり個別にアジャストされた歩行器具、車いすが並べられています。また、園内はさりげなく可愛いグッズが

第2章　海外のスヌーズレンの取組みと日本における導入の経緯　49

図5　ダークルーム

図6　ホワイトルーム

図7　ボールプール

図8　感覚刺激グッズ

飾られています。スヌーズレンの部屋もありますが、部屋中が子ども向けに可愛く演出されていました。スウェーデンでは、保育園は「昼の家」で、教師や職員は「昼間の親」と考えられています。どんなに重度の障がいを持っていても快適に暮らす権利があるというノーマライゼーションの考え方を重視しています。快適な住環境を重視する国民性が学校や施設に反映されており、その中にスヌーズレンをうまく取り入れて楽しく個性的な環境を先生やスタッフが手作りしています。

(3) Annebergsskolan（アンネバーグスコーラン）
　アンネバーグスコーラン小学校では、全校生徒約200名のうち、40名の障がい児が在校しています。筆者が時を共にさせていただいたクラスは、重複障がい児が計6名在席するクラスでした。2名の教師と介助士がほぼマンツーマ

ンの環境でサポートしています。朝はテーブルに皆で座り、ベルを鳴らしてロウソクに火を灯し、「はじまりの歌」を、手話を交えて唄います。そして、各自のノートブックにフルーツやトイレの絵が描かれたカードを順番に貼り、一日の日課を確認しています。そうしているうちに9時半になり、持参したフルーツを食べます。教師たちもコーヒーを飲んで一緒に一息。スウェーデンでは、お茶をすることをFika（フィカ）と言います。Fikaは、スウェーデンの伝統的な文化で、ただお茶を飲むだけではなく、仲間との意思疎通を図るという大切な目的があるのです。そんなFikaを済ませると、創作などの日課に取り組みます。

　スヌーズレンの部屋もあり、スタッフがイケアなどで材料をそろえて手作りしています。

　スウェーデンでは、特別支援学級や保育園でもスヌーズレンが取り入れられ

図9　部屋の一角にあるスヌーズレン

図10　バスルーム

図11　教室のひとつ

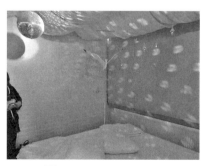

図12　ホワイトルーム

ており、専門的なスヌーズレンを購入する場合もありますが、ほとんどはスタッフや教師が手作りで工夫しています。

(4) スウェーデンと日本のスヌーズレンルームを体験して感じた違い

　スウェーデンのスヌーズレンを視察し、今までに自身が見学した日本のスヌーズレンと比較すると、環境設定において、大きな違いが2点あると考えます。器材は輸入なので大差ないものの、空間を作り出す配置センスと色彩感覚に大きな違いがあると感じました。スウェーデンのスヌーズレンルームはデザイン性が高いです。色彩センスが良く、色のアンバランスさを感じないものです。一方、日本のスヌーズレンルームは、いろいろな器材がやや狭めのワンルームに凝縮されており、色彩も、統一感に欠けるように感じました。

　またスヌーズレンには、「lagom（ラーゴム）」と呼ばれる概念があります。「ちょうど良い、程よい」という意味です。当然、人によって程よいと感じる量や広さなどは異なり、その人にあった「ちょうど良いサイズ」という主観的な程良さという意味があるのです。そんな概念のあるスウェーデンのスヌーズレンは、一部屋にたくさんのスヌーズレン器材を置かず、部屋の広さに適した丁度良い器材の配置、色彩の使い方がされていると感じました。

（清水　千裕）

参考文献

姉崎　弘（2007）英国のSpecial SchoolにおけるSnoezelenの教育実践に関する調査研究 ― Snoezelenの概念をめぐって ―．三重大学教育学部研究紀要（教育科学），58, pp99-105.

姉崎　弘（2009）保・幼・小・中・高校における発達障害のある子を支援する教育．ナカニシヤ出版．pp106-109.

原田琢也・高橋眞琴・濱元信彦・中村好孝（2016）ロンドンニューアム区の学校のインクルーシブ教育実践　金城学院大学論集社会科学編．13（1），pp1-20.

内閣府「平成27年度『諸外国における子どもの貧困対策に関する調査研究』報告書」
　http://www8.cao.go.jp/kodomonohinkon/chousa/h27_gaikoku/index.html（参照日：2018年3月29日）

Newham London　webサイト
　https://www.newham.gov.uk/Pages/index.aspx（参照日：2018年3月29日）

高橋眞琴（2016）― 複数の障害種に対応する ― インクルーシブ教育時代の教員の専門性．ジアース教育新社，p86.
高橋眞琴（2016）重度・重複障がいのある子どもたちとの人間関係の形成．ジアース教育新社，pp233-235.

第2節　北米と韓国とオーストラリアにおける取組みと日本への導入の経緯

1. カナダの子ども病院における実践

筆者は、2007年にカナダのモントリオールで開催された第5回国際スヌーズレンシンポジウムで研究発表をした際、トロントにあるこの病院を訪問する機会を得ました。ここは、"Bloorview MacMillan Children's Centre"として世界的に知られたカナダ最大の子どものリハビリテーション病院です。毎年600名が入院して、外来患者が7,000名ほどいます。

病棟には、比較的小さなスヌーズレンルームが2箇所に置かれていました。病室からスヌーズレンルームに通える子どももおりますが、通えない場合には、キャスター付きのワゴン車にいくつかスヌーズレンの器材や用具を載せて、各病室を回って、ベッドサイドでスヌーズレンを行っていました。

ここの目玉は、「スヌーズレンプール」で、2002年10月にオープンしています。地域の障がいのある子どもから大人までが利用していて、今後さらに広

図1　ここでは、スヌーズレンプールをセラピープールと呼んでいます。

図2　スヌーズレンプールです。プールに設置したスポットライトの照明、ファイバーグロウは水の中まで入れています。
また水中に音響装置が置かれていて、水中から音楽が聞こえてきます。プールは温水になっています。

図3 床からプールへ移動する際の昇降機。

図4 水面にビート板を浮かせ、その上に光る小物を乗せて、見て楽しめます。

がっていく取組みです。

このスヌーズレンプールの目的は、以下の5点です。
(1) 深いリラクゼーションを促すこと
　ここでは、人々にレジャーとリラクゼーションの機会を提供してくれます。また、両親や介護者、水に浮くオモチャと多くの関わりを持つことができます。
(2) 両親と子どもとの情緒的な結びつきを促すこと
　重度障がいの子どもも介護者と気持ちを共有し合うことが可能です。介護者もまた、落ち着いた気分を体験することができます。
(3) 気分を高揚させること
　温水は、人の気分を高揚させる効果があります。体の表皮内の神経を刺激し、人を楽しい気持ちにしてくれます。
(4) 痛みの軽減や不安の除去
　熱や水圧、水中の環境は、人の痛みの感覚器官に影響を及ぼします。浮力は身体をスムーズに動きやすくします。穏やかな感覚刺激は、人の心の不安や興奮状態を鎮めます。
(5) 運動スキルやコミュニケーションスキルの発達を促進
　スヌーズレンの各種器材の利用は、利用者のスキルの発達や学習を促進させます。自分の好む映像を映写して見たり、バブルチューブを好きな色に変える

こともできます。また興味のある玩具を触ることで、粗大な運動・動作を引出すこともできます。

　ここでの取組みから、スヌーズレンプールの今日的な意義として、①情緒の安定とリラゼーションの促進、②痛みの軽減と不安の除去、③さまざまなスキルの向上、があげられます。

　本稿は、姉崎　弘（2008）の調査報告を再構成したものです。

（姉崎　弘）

2. 韓国のリハビリテーションセンターにおける実践

　筆者は、2013年にこのリハビリテーションセンターを訪問し、作業療法士（以下、OT）の方から話を伺いました。1990年代前半に、当時のセンター長がヨーロッパの各施設を視察する中でスヌーズレンと出会い、認知症者や知的障がい児者に有効であることを知り、スヌーズレンを導入したといわれます。当時、OTがリハビリテーション（セラピー）の一環として障がい者等に適用して、さまざまな効果が表れたので、医師と患者家族がその効果を認め、さらに国がスヌーズレンをセラピーとして認可したという経緯があります。

　韓国では、OTやナース、医師、介護福祉士が中心になり国内の作業療法の学会誌に、スヌーズレンセラピー等の効果や患者・障がい者等の変容を発表しています。効果として、心の落ち着きを取り戻す、リラックスできる、痛みの軽減、発達の促進、多動行動の抑制、注意集中力の向上等が報告されています。

　このセンターが、スヌーズレンの資格認定の会場になり、毎年スヌーズレンの専門家を養成しています。講師はマーテンス博士です。2016年までに50名ほどが資格を取得しているといわれます。スヌーズレンルームと器材があるだけでは、使い方がわかりません。一人ひとりのニーズに合ったセラピーを実施するためには、患者の見方やニーズの捉え方、空間の作り方、セッションの展開の仕方等について専門のレクチャーを受講することが不可欠です。

　専門の資格がなければ、その時間をただ患者と過すだけになりやすく、ただ

図1 ホワイトルームで、バブルチューブが数本置かれています。身体障がい者や高齢者用の大きなソファーがあります。

図2 光ファイバーカーテンと小さなソファー。

図3 手前は、スヌーズレンの終了を教えるドラで、静かに鳴らします。

図4 右側にタンスがあり、用具類を整理して収納し、きれいに使用しています。

のリラックスに終わることが多くなりがちです。患者のニーズを考えると、これでは不十分といえます。セラピーとしての手法をしっかり身に付ける必要があるからです。日本では、スヌーズレンはレジャーとしての導入から始まり、現在、教育やセラピーへと発展してきています。一方、韓国はセラピーとしての導入から始まり、今後教育やレジャーへ広めていくとのことです。今日、スヌーズレンの専門資格が取得できる国は、世界で6か国ほどです。日本では、スヌーズレンの導入当初、関係者にセラピーとしての理解や認識がなかったことから、韓国などに比べて、大きな遅れをとることになったと考えられます。

日本の今後の課題として、諸外国の動向を知り、作業療法の学会等がスヌーズレンをセラピーとして認め、実践と研究の蓄積を推進する必要があります。そして専門のOTが専門の資格を取得して、病院やリハビリテーション機関等でスヌーズレンのセラピーを実施して治療効果をあげ、学会誌等で治療の成果を発表することで、将来国の認可する一資格となることが時代のニーズとして期待されていると考えられます。資格化されることで、例えば、病院等でOTがスヌーズレンのセラピーを実施した場合、保険点数化もなされ、治療方法の一つとして、患者や家族、一般市民の人々にも社会的に認知されていくものと考えられます。

　そのためには、OT等によるスヌーズレンセラピーの実践と研究、エビデンスの検証、スヌーズレンの資格制度の創設と有資格者の養成、社会への理解啓発活動などが課題となっていると考えられます。

　本稿は、姉崎　弘（2015）の調査報告を再構成したものです。

（姉崎　弘）

3．オーストラリアのSpecial School（特別支援学校）における実践

　筆者は、2016年にオーストラリアのシドニーとメルボルンにあるMSE（スヌーズレン）の授業実践を行っている特別支援学校を2校訪問しました。

（1）MSE教育の現状について

　学校では、重度・重複障がい児には主にマルチセンソリールームで視覚や聴覚、嗅覚等の刺激を用いて、心理的な安定やコミュニケーションスキルの向上等を図り、一方身体を活発に動かすことのできる知的障がい児やASD（自閉スペクトラム症）児、ADHD（注意欠如／多動症）児等には主にソフトプレイルームで遊具を使って十分に身体を動かすことで、心理的な安定や運動・動作面等の向上を図っていました。

　校長の話から、MSE教育で使用する教材・教具やルームが、中度や重度障がいのある児童生徒を「幸せな気持ち」にし、その結果、学習意欲が高めら

図1　ホワイトルームの全景。

図3　小学部の教室の奥にあるブラックルーム。暗いルーム内で鮮やかな色が輝きます。

図2　天井にプロジェクターを設置して、床面に映写し、映写内の空中で動作をすると、下の映像がさまざまに変化するという仕組みになっています。

図4　教室内の感覚を刺激するセンソリーグッズ。視覚や触覚刺激を通して発達を促します。

れ、学習効果が期待されるとのことです。このようなスヌーズレンの多重感覚環境の中で、見たり、触ったり、聴いたり、嗅いだりする等、児童生徒の五感に働きかけ興味・関心を引き出す指導は、机上での座学による教科書やノート等を用いた一般的な学習指導に比べて、障がいのある児童生徒が楽しい体験学習を通して興味をもって具体的に学べることから、子どもたちに受け入れやすく、わかりやすいと考えられます。

　こうしたことから、障がいのある児童生徒に

対する多重感覚刺激を活用した教育的アプローチは、国語等の教科学習や自立活動の指導にも活用することができると考えられ、彼らの発達を促す教育法として有効であることが示唆されます。今後の実践研究の成果が期待されています。特に、教師がOTと協働して職員向けにMSE教育の手引書を作成していました。これには対象児のセンソリープロフィール（感覚面の実態）や授業例、MSEルームとその使い方、観察・記録用紙が収録されていて、今後、わが国でも必要とされる取組みであると考えられます。

(2) MSE教育の課題について

今日では世界的なインクルーシブ教育の潮流の中で、オーストラリアでも中度や重度障がいのある児童生徒が特別支援学校から通常学校に就学するケースが徐々に増えてきているといわれます。したがって、今後は通常学校でも、知的障がい児や発達障がい児等に対するMSE教育のニーズが高まっていくと考えられます。しかし州によっては教師向けのMSE教育の研修会がほとんど開催されていなく、またOT等の専門家が配置されていないため、教師がこの教育を正しく理解して活用する機会が少なく、自己流の指導に陥っているといわれます。

今日わが国でも、スヌーズレンの協会や研究所等が全国的に活動していますが、教師向けのスヌーズレン教育の研修会がこれまでほとんど開催されていないのが現状で、今後の大きな課題となっています。わが国のスヌーズレン教育は、姉崎（2013）が定義しましたが、近年の全国調査の結果（姉崎、2015）からも、重症心身障がい児が漸増する中、特別支援学校教師のスヌーズレン教育の授業実施のニーズが高く（今後習得したい指導技法の8番目）、対象児の感覚面のアセスメントから授業の指導目標・内容・方法の設定、評価と改善に至るまでの、スヌーズレンの授業実践に不可欠な必須知識を網羅した教師向けの研修会の開催が急務の課題となっています。

　本稿は、姉崎　弘（2018）の調査報告を再構成したものです。

（姉崎　弘）

4. 日本におけるスヌーズレン導入の経緯と取組み

　筆者が調べたところ、わが国におけるスヌーズレンを紹介した最初の論文は、重症心身障がい児施設、旭川児童院の出口（1989）の海外研修報告が最初であると思われます。この中で、近年オランダで開発された感覚刺激方法の一つとして「スヌーズレン法」が紹介されています。スヌーズレンは、環境刺激を統制することによってリラクゼーションを図ると共に、環境への探索行動を引出すことを目的としていると理解されました。その後、島田療育園（現島田療育センター）の山中（1990）や鈴木（1992）が同様の海外研修報告の中で、スヌーズレンを紹介しています。このように、わが国では、重症心身障がい児施設からスヌーズレンの実践が始められました。

　そして1995年にスヌーズレン器材販売会社のコス・インターナショナル、さらに1999年に株式会社PASがそれぞれ設立されています。同年、日本スヌーズレン協会も設立されました。同協会では、創始者の一人アド氏らの来日講演会を開催し、スヌーズレンの歴史や理念の重要性を強調しながら、スヌーズレンについての人々の理解を広げていきました。

　その後、肢体不自由特別支援学校でも重度・重複障がい児に対する授業実践がなされるようになり（姉崎，2003；川眞田，2004）、日本重症心身障害学会や日本特殊教育学会、日本LD学会等でもスヌーズレンの研究発表やシンポジウムが毎年開催されるようになりました。

　学術的には、2009年に姉崎が全日本スヌーズレン研究会を設立して、同年マーテンス博士の著書の翻訳書『スヌーズレンの基礎理論と実際 ― 心を癒す多重感覚環境の世界 ―』（大学教育出版）を出版し、2013年〜2014年に、マーテンス博士をわが国に講師として招聘し12日間のスヌーズレンの国際資格セミナーを開催しています。この研究会は、その後、2015年設立の日本スヌーズレン総合研究所（現ISNA日本スヌーズレン総合研究所）として研究活動が発展されています。同研究所主催のスヌーズレン研修会やスヌーズレン教育研究会が毎年年間数回開催されています。

　また姉崎は2015年に創始者たちの著書"Snoezelen, another world"の翻訳書『重度知的障がい者のここちよい時間と空間を創るスヌーズレンの世界』（福村

出版）を監訳し出版しています。近年では、スヌーズレンへの人々の関心が徐々に高まり、スヌーズレンに関する実践論文や研究論文の発表も、少しずつ増えてきています。

　今日では、スヌーズレンが、福祉施設や学校（特別支援学校や通常学校）、病院、個人宅などで実践され、人々のリラクゼーションや発達支援等に利用され、その効果や有効性等が論文で報告されています。今日、スヌーズレンは、人々の生活の質を高める、現状の能力で無理なく楽しめる取組みとしてその活用が各方面で期待されています。

（姉崎　弘）

参考文献

姉崎　弘（2003）重症心身障害児教育におけるスヌーズレンの有効性について ― 肢体不自由養護学校の自立活動の指導に適用して ―．日本重症心身障害学会誌，28（1），pp93-98．

姉崎　弘（2008）カナダにおける障害児者へのスヌーズレンの医療・福祉実践 ― Snoezelen Poolの今日的意義 ―．三重大学教育学部附属教育実践総合センター紀要，28，pp59-64．

姉崎　弘（2015）韓国におけるスヌーズレンの取組みに関する聞き取り調査 ― わが国の今後の課題を見据えて ―．大和大学研究紀要，1，pp23-28．

姉崎　弘（2018）オーストラリアの特別ニーズ教育におけるMSE教育の現状と課題 ― サウスウェールズ州とビクトリア州の実践事例の調査から ―．スヌーズレン教育・福祉研究，2，pp15-24．

出口隆一（1989）ベルギーにおける心身障害児の治療教育．社会福祉法人清水基金第7回海外研修報告書，pp14-16．

Hulsegge, J., & Verheul, A. (1989) Snoezelen ankther world. ROMPA.U.K. 姉崎　弘監（2015）重度知的障がい者のこころよい時間と空間を創るスヌーズレンの世界．福村出版．

川眞田喜代子・佐々木洋子（2004）スヌーズレンを取り入れた自立活動．養護学校の教育と展望，134，pp29-34．

Mertens, K. (2003) Snoezelen- Eine Einführung in die Praxis. Verlag modernes lernen Borgmann. 姉崎　弘監訳（2009）スヌーズレンの基礎理論と実際 ― 心を癒す多重感覚環境の世界 ―．大学教育出版．

野村寿子・木島拓郎・西　聖二（2015）スヌーズレン（多重感覚環境）が人に与える影響について．第49回日本作業療法学会抄録集，02209．

鈴木清子（1992）オランダから広まる知的重度・重複障害を持つ人々の活動 ― スヌーズレン ―．社会福祉法人清水基金第10回海外研修報告書，pp7-22．

山中裕子（1990）オランダに広まる重度障害者のためのケアーの方法と概念 ― スヌーズレン ―．社会福祉法人清水基金第 8 回海外研修報告書, pp43-45.

第3章
スヌーズレンの脳科学と評価

第1節　スヌーズレンの神経学的基礎理解と評価

1. 大脳辺縁系の機能とスヌーズレン

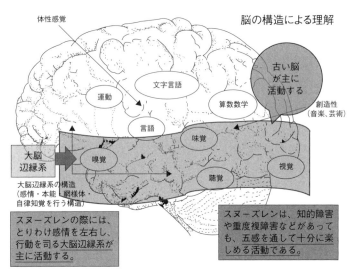

図1　脳の構造と大脳辺縁系
（姉崎，2015　p.9　一部改変）

　本節の第1項と第2項では、Mertens, K.（2003）の学説を参考に述べることにします。スヌーズレンを教えたり、指導したり、監督する人々は、神経学的基礎知識を備えていなければなりません。スヌーズレンの際には、とりわけ感情を左右し、行動を司る大脳辺縁系が主に活動すると考えられています。スヌーズレンにとって有益な情報は、この大脳辺縁系の機能に関するものです。多くの感情が海馬状突起と視床下部につながっていて、ホルモンの分泌が不安や幸福感を引き起こすといわれています。

　図1は脳の断面図を表わしています。重度の知的障がい者がなぜスヌーズレンを楽しむことができるのか？　それは、脳の前頭葉や頭頂葉等がうまく機能しなくても、脳の深い所に位置する古い脳といわれる、大脳辺縁系が機能す

るからです。すなわち、ここには、視覚や聴覚、味覚、嗅覚といった、いわゆる五感に相当する中枢が集まっていて、見たり、聞いたり、味わったり、嗅いだりなどすることで、自分の周りの刺激や環境を受容することができます。重度の知的障がい者（重度・重複障がい者も含む）は、脳のかなりの部分が適切に機能しない代わりに、この大脳辺縁系に関してはかなりの部分が機能できるといわれることから、この部分を使って、外界を認知して理解を深めることが可能です。例えば、物を見たり・音楽を聞いたり・食べ物を味わったり・匂いを嗅いだりして楽しんだり、時には不快な物で嫌な経験をすることもできます。このようにこの大脳辺縁系が活動することで、人としての楽しみなどを感じ取ることができます。

　大脳辺縁系は、まだ学問的に不明な事柄を多く抱えています。スヌーズレンにとっては、色や光、音やメロディー、アロマなどの効果が人にとって意義ある方法で取り入れられるように、今後も継続した研究が必要であるといわれています。

（姉崎　弘）

2．スヌーズレンの神経学的基礎理解
(1) 知覚システム
　スヌーズレンでは、身体に遠い感覚（例えば、視覚と聴覚）や近接した感覚（例えば、嗅覚と味覚、触覚、平衡感覚）も、感覚受容器を通して、外部から入ってくる刺激の効果について脳に情報を伝えています。

(2) 見る
　光は電磁波として網膜の光受容体に伝えられます。この情報は視覚皮質から後頭葉に伝えられ、そこで明るさ、色、フォーカスなどが分析され、その他の脳野の助けで記憶の画像に再構成されます。光受容体が色を認知するためには最低限の明るさが必要です。スヌーズレンルームで方向が分からなくなり、器材へ近寄って行ったり、器材を触らなくてはいられない人の場合は、病気か、近視、遠視を疑う必要があります。スヌーズレンルームでは、通常50ルック

スの薄明かりの光が使われています。

(3) 聞く

　物理的波動が耳介によって集められ、その中で音波が外耳を通り、鼓膜を通じて蝸牛に伝えられます。蝸牛は本来の聴覚器官です。音は耳に入って、さまざまな神経細胞によって伝わり、理解できるパターンになって認識されます。ここでも、炎症や遺物、代謝異常、けが、老化現象などによって音波の伝達や知覚が困難になることもあります。音量の知覚は、その人の年齢、ルームの空間の状況、個人的な聞き方の習慣によっても変わります。まったく同じ音波強度（音量）が人によって違って感じられるのです。したがって、音量を全ての人に満足がいくように調整することはできません。一般的には、音量は20〜50 dBの間です。最初の時間に、利用者にちょうどよい音量を確認させる必要があります。また聴覚障がいのある人には、自分の顔をその人に向けてはっきりと聞き取れるように話す必要があります。

(4) においと味

　味覚と嗅覚は、化学的な刺激物質に反応します。両者が共に働くことによって、その物質を認知することがより容易になり、人間を中毒などから守る働きもしています。唾液によって溶かされる味覚物質は、「塩辛い」「甘い」「酸っぱい」「苦い」「旨み」の5つがあります。味覚刺激物質は、気分や感情に強く訴えます。

　鼻腔は、何百万もの受容体細胞のある粘膜で表面を覆われています。嗅覚神経路は視床を経ることなく大脳の前頭葉と側頭葉の分析システムに直接つながり、嗅覚と味覚のシステムがその物質が何であるかを特定するのに協力して働いています。

　香りの認知には、連想があります。香り物質は、ずっと以前から生活に役立つように使われています。一般的に知られていますが、例えば、午前中は元気が出るようにレモンの香り、昼はリラックスするためにバラの香り、午後はまた活動するためにメントールの香りやおとぎり草の香りが使われます。また

ホップの香りは不安やうつ症状を緩和します。
　スヌーズレンの中では、身体が接近する場合には留意する必要があります。それは、においに対して敏感で、強い抵抗を示す人もいるからです。また疾病やけがによっても、人間は嗅覚喪失に陥ることがあります。

(5) 触れる
　皮膚は、約2㎡の表面積があり、人間のもつ最大の感覚器官です。接触や圧力によって、その情報が各触受容器に伝達され、それぞれ、圧力や牽引、温度、痛みとして感じられます。皮膚表面のすぐ下にある真皮には、特定の触点や触野があり、接触はさまざまな速さや強さで伝達されます。特に敏感なのは、指先、手のひら、唇、舌、鼻、頬、額です。
　大脳の中に触感識別能力野があります。この中の機械的触受容器は、皮膚刺激の強さや深さを図るものです。温熱的触受容器は、皮膚のさまざまな場所に配置されていて、冷たさと温かさの違いを感じ分けます。冷感点の方が、温感点よりもはるかに多くあります。また侵害的触受容器は、組織を強く破壊したりする危険な刺激に対して反応するものです。

(6) バランスを保つ
　スヌーズレンルームの空間の状況と人の四肢各々の状態、さらに筋肉の緊張は、人のもつ固有受容覚を通じて、内耳前庭系と共に働いて感じ取ることができます。視覚系の感覚が付加的に働いて、特に身体の振幅運動やブランコなどの流れるような動きの際に、身体の揺れをうまく受け止めることを可能にしています。内耳前庭覚と固有受容覚と視覚の3つが相互に働いて、空間状況、位置関係、動きの速度も含め、四肢のお互いの配置、筋肉の緊張、力、弛緩の程度、関節の位置に対する抵抗を感じ取れます。
　スヌーズレンルームでは、自由に座ったり、横たわったりすることができます。そこには、マット、ウォーターベッド、ビーズクッション、ボールプール、ハンモックなどがあります。これらを利用することによって、静止姿勢を取る前と取った後に、平衡感覚器が活発化するようになっています。高齢者

は、、この少々安定性に欠ける座り方や横たわり方を好みません。しかし、子どもたちには、成長や発達を促す刺激となり、特に人気があります。これらの用具は、スヌーズレンルーム全体に落ち着きのなさをもたらすので、安定した静止ゾーンも組み入れなくてはなりません。

　スヌーズレンでは、仮説として右脳が重点的に活性化されると考えられています。スヌーズレンは、印象や感覚、体験であって、適切に快適に作られた環境によって人間に作用する気持ち良さです。スヌーズレンは、感覚刺激を秩序立て、それらに特別な質を与えます。その他の目的として、自己認知の促進、快適さの創造、対話の構築、コミュニケーションの促進があります。感覚刺激のもたらす効果によっては、好ましくない感情が意識に表れることもあります。その場合には、利用者の気持ちに細やかに配慮しながら本人と対話を行い、好ましくない刺激を除去するように努めなければなりません。

（姉崎　弘）

3．スヌーズレンにおける感覚評価とその意義

(1) スヌーズレンと感覚評価

　『感覚』は感じる者の主観であるため、どのように感じているのかは本人以外にはわかりません。つまり、みんな同じ感覚を感じているとは限らないし、好きな感覚や苦手な感覚は人それぞれであるし、また、心地よいと感じることも人それぞれなのです。

　姉崎（2018）は、スヌーズレンの成立する条件を、①対象者の感覚ニーズに応じた心地よい環境の設定　②対象者が自己選択の機会　③対象者の主体性の発揮　④対象者に寄り添って触れ合い共感する姿勢　⑤対象者が集中しやすい静かな環境の設定、と述べており、これらの基本条件を満たすためには、一人ひとりに合わせて環境を調整する必要があります。そして、対象者がどのような感覚の状態なのかを知り、適切な環境に出会うことができるために、私たちは一人ひとりの感覚に対する評価を実施しなくてはなりません。

(2) スヌーズレンで刺激する感覚について

人には視覚（見る）・聴覚（聞く）・嗅覚（嗅ぐ）・触覚（触れる）・味覚（味わう）の五感があり、固有覚（体の動きや位置を知る感覚）や前庭覚（体の傾きや動きの方向やスピードを知る感覚）などの、体の動きに関係する感覚もあります。スヌーズレンでは、それらの感覚のうち、主に味覚（味わう）以外の感覚を同時に刺激します。（表1）

表1　スヌーズレンで刺激する感覚の特徴

	スヌーズレンで刺激する感覚の特徴
視覚	スヌーズレンでは、サイドグロウやプロジェクター、バブルチューブなどの光を発する器具を多く使用する。これら光は、『明るさ（照度）』と『色（色温度）』で構成され、私たちの行動にさまざまな影響を与える。 私たちの日常は、用途によって明るさ（照度）を変えている。リビングや応接室などのくつろぐ場所は、30〜75ルクスであり、読書や勉強する場合は500〜1000ルクスが必要である。ちなみに、ホワイトルームは50ルクス程度の明るさで、くつろぎの空間に適している。また、光の色（色温度）は、物の見え方や人の心理に働きかける。色は、低くなれば赤みが増し、暗くゆったりと感じる。高くなれば青みが増し、明るく元気に感じる。
聴覚	スヌーズレンでは、聴覚刺激としてBGM（背景音楽）を使用する。BGMなどの音楽には、聴覚に訴え、感情の変化を一瞬で引き起こす「感情誘導効果」がある。このように、音楽が短時間で感情を動かせるのは、大脳辺縁系が反応するからである。また、音楽には、その要素が人の具体的な行動や感情を無意識のうちに変えてしまう「行動誘導効果」がある。例えば、音楽のテンポが変わると歩くスピードが変わる、大きな音楽が流れていると声が大きくなるなどである。
嗅覚	嗅覚は大脳辺縁系と直接つながっており、喜怒哀楽や記憶への影響が大きいといわれる。人は感情の8割は嗅覚から得ているといわれるほど、嗅覚は情動や感情に深く関与しているのである。また、嗅覚によって想起される記憶はより情動的であり、他の感覚器によって想起される記憶よりも正確だといわれる。これは、プルースト効果という"ある特定の匂いがそれにまつわる記憶を誘発する現象"のことである。

触覚	触覚の感覚器である皮膚は、『第2の脳』ともいわれる。指先などは感覚が鋭敏で、質感の違いなどを敏感に感じることができる。また、人と触れ合うスキンシップでは、『セロトニン』『オキシトシン』というホルモンが、触れる方にも触れられる方にも分泌される。『セロトニン』は気持ちを明るくし、『オキシトシン』は信頼を強めるといわれる。触れられる速度も重要で、ゆっくり触られると副交感神経が優位になり、速く触られると交感神経が優位になる。
固有覚	筋肉や腱には感覚受容器がある。自分の「体のかたち」や「関節が動いている」ことを知るための感覚が固有覚（深部感覚）である。私たちが、『身体で覚える』というとき、この感覚を使う。また、力の加減や情緒の安定にも関係する。
前庭覚	一般的には平衡感覚ともいわれる。揺れや回転、地球の引力などの加速度情報を感知する感覚で、主に姿勢のコントロールに関わる。また、自律神経系とのつながりが深い。自律神経は、交感神経と副交感神経という2つの相反する神経で成り立っており、消化や発汗、血圧・体温などにおける活動性のバランスを調整する。また、前庭覚は情緒・情動にも関与する。

(3) 感覚の入力と覚醒の関係

　覚醒とは、本人が感じる眠さではなく、脳の生理的な活動状態のことを指しています。覚醒が正常値であれば、清明な意識があり、周囲に注意を向けることができます。（図1）

	ハイテンション	注意散漫で落ち着きがない
高	正常	清明な意識があり、集中力も十分に発揮
↕	低下レベルⅠ	寝る前の子が騒ぐように、一見ハイテンションになり、コントロールできない状態
低	低下レベルⅡ	眠たくても眠れない赤ちゃんのように、ぐずり泣きをするなど、とても不機嫌
	低下レベルⅢ	まどろみ状態で、ほとんど反応がない

図1　覚醒レベルの段階図
（木村，2014 p54）

　また、覚醒は、感覚と密接な関係があります。例えば、私たちは、眠くなれば体を動かしたり、ガムをかんだりして目を覚まそうとします。このように、感覚刺激は、人の覚醒状態を調整することができるのです。（表2）

表2　感覚と覚醒の関係（木村，2014 p54）

	覚醒レベルを高める	覚醒レベルを鎮める
効果	ジェットコースター効果	ゆりかご効果
一般的要素	不規則　急激　強い　速い	規則的　ゆっくり　リズミカル

(4) 感覚における原始系と識別系

　「感覚」というと、多くは、周囲の環境を知ろうとする「識別系（認知的）感覚」のことを意味します。感覚の発達過程では、危険などから身を守ろうとするなどの本能的な感覚の「原始系（本能的）感覚」が最初に働きます。脳の発達に伴い、次いで識別系感覚が働きだし、原始系感覚は普段目立たなくなります。その識別系感覚の発達が知的発達を示しているのです。

(5) 感覚の過敏と鈍麻

　障がいを持つ子どもや大人では、一般的な感じ方とは異なる感じ方をすることがあります。この感じ方の異常には、敏感に感じすぎてしまう「過敏」と、感じ方が鈍い「鈍麻」などがあります。この感じ方の異常は、行動や発達に大きく影響を与えます。

(6) 感覚防衛反応と自己刺激行動

　感覚の特性（過敏・鈍麻）が引き起こすものに、感覚防衛反応や自己刺激行動があります（表3）。

(7) スヌーズレンの実施前に行う感覚チェック（評価）

　以下に、感覚の過敏と鈍麻があった場合に見られる具体例を列挙します（表4）。

　あてはまる項目の□にチェックすることで、対象者の感覚特性を知ることができます。とくに、感覚過敏にチェックがついた場合は、嫌な刺激にならないように刺激を弱めるなど、調整する必要があります。

表3 感覚防衛反応と自己刺激行動

防衛反応		感覚の過敏によって引き起こされる。「好き嫌い」という枠を飛び越え、入力される感覚が耐え難いものになっており、生理的な拒否や不快感が出現している。
	触覚	触覚が過敏なために、触られることを嫌がる。多くは成長に伴い軽減されるが、軽減されないこともある。共感性が育まれる時期に生理的な症状である触覚防衛反応が出現すると共感性が育ちにくくなり、結果的に、対人関係やコミュニケーションの発達にゆがみが生じることが多い。 防衛反応が出現しやすい場所は、頭、顔、首、わき腹など、防衛しなければ致命傷になってしまう部位や、爪・歯などの闘争に使う部位である。これらは子育てにおいて当たり前に触れる部位であるため、親でさえ「不快な刺激をいれる存在」と子どもは誤学習するため、愛着形成が困難になることがある。
	聴覚	聴覚が過敏な状態で出現する。爆発音や破裂音、高周波音や棘波音、機械音、ざわめきや反響音などで、防衛反応は出現しやすい。音は360度どこからでも聞こえてくるため、その場から逃げたり、自分で耳をふさいだりして対応しようとする。
	前庭覚	前庭覚は自律神経と強い関係を持つ。また、自律神経は情緒・心理的な快-不快と密接に関係するため、前庭覚の過敏により現れる症状は心理状態に対する影響が強い。前庭覚の防衛反応には、揺れにおびえる「重力不安」と、慣れない姿勢を怖がる「姿勢不安」がある。
自己刺激行動		感覚鈍麻な場合に出現することが多く、鈍麻している感覚を入力しようと、自分自身を刺激する行動である。"鈍麻している感覚"あるいは"好きな感覚"をセンソリーニーズ（sensory needs）といい、自己刺激行動はこれを満たそうとして出現すると考えられる。また、発達障害を持つ人の自己刺激行動は、一人でその感覚を満たすことに"ふけってしまう"傾向があり、一人遊びになりやすいことが問題と捉えられることも多い。しかし、この、センソリーニーズは私たちにも存在しており、誰にでも大なり小なりある"癖"のようなものともいえるのである。

表4　感覚チェック

		過敏		鈍麻
触覚	☐	自分から触るのに、人に触られるのを極端に嫌がる	☐	痛みを感じにくい（気づかないうちにけがをしている）
	☐	他人から離れて座り、近づこうとする人がいると押しのける	☐	熱さを感じにくい（気づかないうちにやけどしている）
	☐	ねんど/のり/スライムなどで触れないものがある（ヌルヌル・ベタベタ）	☐	自分の頭や胸を強く叩く/手を噛む/手でひっかくなどの自傷行為がある
	☐	たわし/毛糸玉などで触れないものがある（チクチク）	☐	かさぶたをめくってしまい、なかなかけがが治らない
	☐	ぬいぐるみ/クッションなどで触れないものがある（フワフワ）	☐	服が汚れたり濡れたりしても気にしない
	☐	爪切り/洗髪/散髪/くしで髪をとかす/口の周りを拭かれることを嫌がる	☐	特定の感触のものに執着し、何か持っていないと落ち着かない
	☐	手を洗うことを嫌がる	☐	なんでも口に入れてしまう
	☐	手をつなぐことを嫌がる	☐	なんでもベタベタ触ってしまう
	☐	靴/靴下をすぐ脱ぎたがる	☐	触られても気づかないことがある
	☐	長袖や長ズボンを嫌がる	☐	厚着/薄着のままでも平気
	☐	帽子/手袋などを嫌がる	☐	よだれや鼻水に気づかない
	☐	原始的な攻撃（ひっかく/かみつくなど）がでやすい	☐	物や人、動物などに触るのを好み、執拗に触る
	☐	物なめ/指なめ/爪かみ/鉛筆かじりが頻繁（退屈な時や一人の時に多い）		
	☐	スプーンや鉛筆をギュッと握りしめず、指先で軽く持つ		
聴覚	☐	救急車のサイレンの音や、打ち上げ花火の音など特定の音を嫌がる	☐	大きな声を出してあそぶ
	☐	耳をふさぐ癖がある	☐	騒がしい場所を好む

聴覚	☐	にぎやかな場所やざわざわした場所を嫌がる	☐	呼びかけても振り向かないことがある
	☐	ドアの開け閉めやノックの音などを嫌がる。	☐	話し声が大きい
	☐	音楽が流れている中で話しをする際、他の人の聞いていないように感じる	☐	テレビなどを、大きな音にして聞く
	☐	特定の音に注意を絞ることができない		
	☐	異常なほど、音に敏感である		
視覚	☐	明るいとまぶしそうに眼を細める	☐	光るものを見ることを好む
	☐	カメラのフラッシュなど強い光が極端に苦手。	☐	くるくる回るものや動くものを見ることを好む
	☐	動きや明るさに反応し、瞬きが多い	☐	暗いところが苦手
	☐	物がたくさんあると気が散りやすい	☐	横目で物を見ることがある
	☐	暗いところを好む	☐	目の上を手や指で押さえる
			☐	目の前で手や物をひらひらさせて眺める
嗅覚	☐	においに過剰に反応する	☐	何でもにおいを嗅ぐ癖がある。
	☐	人が多い場所にいられない	☐	強いにおいを好む
	☐	においで頭痛や吐き気を訴える		
固有覚	☐	公園のブランコや回転する遊具に乗れない	☐	叩いたり物を投げたりする、乱暴な遊びが好き
	☐	抱っこされる、高い高いなどの揺れる遊びが嫌い	☐	力の加減ができず、力いっぱい握ってしまう
			☐	他の人にぎゅっと握られることが好き
			☐	振動するものが好き
			☐	自分の頭や腹を強く叩く/手を噛む/手でひっかくなどの自傷行為がある

固有覚			☐	狭いところ小さくなったり、布団の下にいたりすると落ち着く
			☐	足をドンドンとふみならす癖がある
			☐	高いところによじ登ったり、飛び降りたりするのが好き
			☐	体がぐにゃぐにゃしていて、椅子からずり落ちそうになる
前庭覚	☐	公園のブランコや回転する遊具に乗れない	☐	ブランコやハンモックで体を大きく揺さぶられるのが好き
	☐	自分から動こうとしない	☐	自分で体を揺すって遊ぶ
	☐	車酔いが激しい	☐	くるくる回って遊ぶ
	☐	抱っこされる、高い高いなどの揺れる遊びが嫌い	☐	動きが激しく、活発すぎる
	☐	トランポリンなどふわふわする遊びが苦手。	☐	ピョンピョンはねて遊ぶのが好き
	☐	突然押されたりすることが嫌い	☐	回転するものに乗っても目が回らない
	☐	足元が不安定な場所を怖がる	☐	高いところによじ登ったり、飛び降りたりするのが好き
	☐	床にごろごろしていることが多い	☐	ウロウロ動き回ることが多い
	☐	頭より高い位置にあるものを、手を伸ばして取りたがらない	☐	頭を振って遊ぶ
			☐	体がぐにゃぐにゃしていて、椅子からずり落ちそうになる
			☐	姿勢が崩れやすかったり、転びやすかったりする

（北野　真奈美）

引用・参考文献

姉崎　弘（2018）「スヌーズレンが成立するための基本要件」の改訂版について．スヌーズレン教育・福祉研究，2，pp1-3．

川上康則 監修（2015）発達の気になる子の学校・家庭で楽しくできる感覚統合あそび，ナツメ社．p12．
河本佳子 編著（2003）スウェーデンのスヌーズレン．株式会社新評論．
河本佳子 編著（2016）スヌーズレンを利用しよう．株式会社新評論．
木村順（2014）保育者が知っておきたい発達が気になる子の感覚統合．学研教育出版，p54．
Mertens, K. (2003) Snoezeien -Eine Einführung in die Praxis. Verlag. Modernes Lernen Borgmann. 姉崎　弘（監訳）（2015）スヌーズレンの基礎理論と実際 ― 心を癒す多重感覚環境の世界 ―．（第2版復刻版）．学術研究出版/ブックウェイ．
太田篤志（2007）JSI-S　スヌーズレンのための日本感覚インベントリー（試案）．
鳥居深雪（2009）脳からわかる発達障害．中央法規．
上杉雅之 監修　辛島千恵子編集（2015）イラストでわかる発達障がい．医歯薬出版．

第2節　スヌーズレンの効果の科学的検討

1. スヌーズレン効果の神経生理学的示唆

　脳内の神経系は、学習により変化し、記憶の形成や維持、想起に関係するメカニズムの知見は蓄積されつつあります。そのメカニズムとして、神経細胞の形態の変化、神経伝達効率の変化、神経細胞の新生などが知られており、神経細胞内のイオンチャンネルや細胞内の科学的変化等が戦略的に進められています。すなわち、神経系の可塑性の研究の展開により、かなりのところまでの解明が行われています。

　さて、スヌーズレンは諸外国において、一般的に用いられている教育方法です。特に、障がいのある子どもや人々に対して、その効果が認められており、利用されています。しかし、残念ながらその効果を裏打ちする研究成果はあまり多いとはいえず、特に、脳内での神経系の形態的変化や、活動性の変化等に関する研究が極めて少ないと言わざるを得ません。そのためか、本国においてもスヌーズレンを利用する機関が少ないのが現状であるといえます。

　そこで、スヌーズレンの効果を神経生理学的に実証し、そのメカニズムを解明し、より良い方法策を提案できればと考えます。その第一段階として、感覚刺激として、何がどのような症状や実態に最も有効で、その際に、脳内神経で何が生じているかを見いだし、その結果、行動としていかなる変容が生じるかを観察することが必要となります。

　感覚刺激として五感があることは周知の上ですが、その感覚が脳に伝達されるにあたって、脳機能の障がいがないことをまずは調べる必要があります。次に、正次に伝達された情報が、正しく処理されているかの検査、さらには、次の処理機構においても同様に正確な処理がなされているかどうかも問題となります。また、各感覚系の統合あるいは処理機能の不具合についても検討を要するでしょう。

　では、スヌーズレンの効果をいかなる方法にて検証していくのか、という問題が指摘されます。行動の変容、脳波の変化の解析、MRI等の画像診断、唾

液などのストレスチェック、血液中成分の変化、心電図上の変化、モデル動物使った脳内神経伝達物質の動態等が考えられます。しかしながら、生育環境等を考慮すれば、いずれの方法においてもスヌーズレンの効果の証明は、条件を統制する上で、障壁が生じると考えます。科学的根拠が得られるならば、一般生活上および教育上有効な手段となりうることは間違いないでしょう。

　Sense（感覚）は、年齢と共に変化していきます。また、最初に記したように脳神経細胞は、常に変化しています。スヌーズレンを早期に実践することも意義があると考えられます。それゆえ、スヌーズレンの効果を客観的に評価し、改善すべきところは改善することも必要でしょう。いずれにしても、スヌーズレンは、諸外国で、一般的に活用されていることは確かであり、スヌーズレンによる効果の解明は必須とされるでしょう。

図1　スヌーズレンと脳神経細胞の活性化

（田中　淳一・高橋　眞琴）

2. スヌーズレンが生体に及ぼす効果についての生理心理学的検討

（1）スヌーズレンの効果についての検証

　近年、諸外国ではスヌーズレンを用いたセラピーによる効果の検証が行われ、それらの知見も蓄積されつつあります。しかし、スヌーズレンを用いたセラピー効果についての一貫した客観的な知見は未だ得られていません。さらにスヌーズレンが生体にどのような影響を及ぼし、その効果として現れるのかについても明確な結果は示されていません。その理由の一つとして、これまでの先行研究の多くが、スヌーズレンセラピーの介入前と介入後の行動面での変化または生理的な変化を測定していますが、スヌーズレンの効果を明らかにする

ための対照（コントロール）条件の設定が十分ではない可能性が挙げられます。

　近年、スヌーズレンの実践については、日本においても肢体不自由特別支援学校に在籍する重度・重複障がい児の教育を中心にスヌーズレンを自立活動の授業に取り入れる学校が増えています。スヌーズレンは、「レジャー」のほかに「教育」や「セラピー」としての側面があることを明らかにし、スヌーズレンは「教育活動」であるという報告をしています（姉崎，2013）。諸外国においては、脳損傷患者、認知症患者、自閉症患者、レット症候群などいずれも脳の中枢神経系に障がいをもった患者と健常者との比較により、スヌーズレンの効果を検証しています（e.g., Bauer et al., 2015; Poza et al., 2013）。

　その他、知的障がいや発達障がいをもつ者と健常者との比較を行っている研究もあります（e.g., McKee et al., 2007）。これらの研究の多くは、主に質的研究であり、観察による問題行動の変化を記録・分析しています。スヌーズレン実践者にとってポジティブな知見も多く見受けられる一方で、例えば、McKee et al.(2007)によれば、自閉スペクトラム症患者にスヌーズレンセラピーを実施したところ破壊的行動が増大したと報告しており、Bauer et al.(2015)も認知症患者におけるスヌーズレンセラピーの効果は有意でなかったとしているようなネガティブな知見も報告されています。

　生理指標を用いた知見も蓄積されつつありますが、中でも脳波を用いた研究では、Poza et al.(2013)は、18人の脳損傷患者と18人の健常者を対象に、スヌーズレンセラピーの前後の脳波を測定し周波数分析を行いました。その結果、周波数の帯域パワー値の変化が脳損傷患者と健常者で有意に異なることが示されました。特に、リラクゼーションの指標とされている α 帯域は脳損傷患者では有意に変化しなかったことから、スヌーズレンとリラクゼーションとの関連についても示唆されました。このように、スヌーズレンセラピー介入による行動的・生理的指標に基づく知見は蓄積されつつあるものの、一貫した知見は得られていません。

(2) スヌーズレンが生体に及ぼす効果についての心理生理学的検討

　橋本ら（2017）[1]は、スヌーズレン環境において主観的な痛みは軽減するのかについての心理生理学的な検討を行いました。本実験では、「痛み」という主観的な現象を神経生理学的観点から定量的に評価する手法として事象関連電位（event-related brain potential; ERP）の一種である、痛み関連体性感覚誘発電位（Pain-related Somatosensory Evoked Potential: Pain-related SEP）を用いています。これは、痛み刺激が痛覚伝導路を経て大脳皮質へ投射する過程で生じる電気活動を頭皮上から記録するものです。事象関連電位（ERP）とは、刺激によって誘発された脳波上の電位変化（反応）であり、時間軸に沿った脳活動を表しています。実験は、大学生・大学院生12名を対象に行いました。

　実験条件については、音刺激3種類（バイノーラルビート、以下Binaural Beat）（450Hz/440Hz）／（モノラルビート、以下Monaural Beat）（440Hz）／（ノントーン、以下Non-tone）（音無）とスヌーズレン環境2種類（あり/なし）の組み合わせで12回実施し、その時の痛み刺激に対するERPを測定しました。音刺激については、Binaural beatおよびMonaural beatの2種類を用い、対照条件として音の無いNon-toneを設定しました。Binaural Beatとは、2つの音の位相差によって生じる音のことです（Kennel et al., 2010）。例えば、右耳に120Hzの音を提示し、左耳に130Hzの音を提示した場合、両耳の位相差である10HzがBinaural Beat、いわゆる錯聴（illusion tone）として聴こえます。

　Padmanabhen et al.(2005)は、手術を受ける予定の患者108名を対象に、Binaural Beatの効果を調べた結果、Binaural Beatを30分間聴かせたグループで手術前に感じる著しい不安感を軽減する効果があることを示しました。近年、諸外国ではBinaural Beatを用いた臨床研究が行われてきており、Binaural Beatが生体に及ぼす影響についての知見も蓄積されつつあります。

　主観的な痛み感覚については、Aδ（エーデルタ）神経線維を刺激する250Hzの電気刺激を与えることにより鈍痛のような「痛み」を発生させることで人工的に痛み感覚をつくり出しました。左手の第2指および第3指指先間への250Hzの電気刺激を与え、これ以上耐えられない痛み強度を測定し、その値を個人の痛

み刺激感覚としました。広島文化学園大学研究倫理審査委員会（承認番号：280005）の承認を経たのちに、実験前に、参加者に対して電気刺激を与えること、また強度については0から増大させることにより刺激の感覚を体験させ、実験の継続は参加者に任せることを説明しました。主観的な痛みの強さおよび快・不快度については、各試行前後に2次元の軸から構成されるAffect-Grid scoreを用いて測定しました。

　脳波は、国際式10-20％法に基づく5部位（Fz, Cz, C3, C4, Pz）から鼻尖を基準に導出しました。ERPは、瞬き等による顕著なノイズ（±80μV以上）のない試行について、痛み刺激提示前100msから痛み提示後600ms間を加算平均することにより算出しました。その結果、ERP波形では、痛み刺激提示後約50ms付近を頂点とした陰性の電位変動が観察され、スヌーズレン環境により痛み関連SEPは減衰することが示され、その効果は右半球で大きいことが示されました。さらに、Binaural beatは、スヌーズレン環境と併用すると痛み関連SEPを減衰させることが示されました。ただし、Affect-Grid scoreを用いた主観的な痛みの強さおよび快・不快度とERPとの関連は示されませんでした。

　本実験で、スヌーズレン環境が主観的な痛み感覚を減少させることを生理指標の一つであるERPを用いて客観的に示すことができたことは、スヌーズレンの効果を検討するための手がかりの一助となったと言えます。

(3) 今後の展望

　橋本ら（2017）の研究は、スヌーズレンの器材の一部を用いて視覚および聴覚を刺激し実験を行いました。スヌーズレンの創始者らによると、スヌーズレンの実践において最も重要なことは、環境、利用者および指導者の三項関係が存在することであるとしているため、三項関係を踏まえた実験的検討を行うことは必要でしょう。

　また、本研究結果は、なぜスヌーズレンの環境にいると主観的な痛み感覚が減少するのかというメカニズムの解明にまでは至っていません。これについては、筆者が現在実験中です。

スヌーズレンの効果を検証する研究は少しずつ増えてきており、それらの知見も蓄積されつつありますが、まだ一貫した根拠を提案できるほどではないため、よりいっそうの研究の進展が望まれます。スヌーズレンが、教育、セラピー、リラクゼーションなど、多領域にわたって利用されるようになってきた今、その効果を示す客観的根拠がよりいっそう求められるでしょう。

注
1) 本研究の一部は、平成28年度文部科学省選定私立大学研究ブランディング事業（広島文化学園大学）の助成を受けて実施されました。

（橋本　翠）

3. ヒトのワーキングメモリとスヌーズレン

(1) はじめに

脳科学においては、ヒト等の脳とその機能について研究します。遺伝子の研究から記憶や認知に関わる研究まで、脳科学のテリトリーは幅が広いと言えます。ここでは、ヒトの脳機能の中でも特に記憶のひとつであるワーキングメモリに焦点を当てたいと思います。

(2) ワーキングメモリとは

ワーキングメモリは、情報の一時的な貯蔵と操作の両方に専念する脳のシステムに関連する能力であり（Baddeley, 1992）、日本語では作業記憶とも呼ばれる短期記憶の一種です。長期記憶とワーキングメモリの間にフィードバックの過程があり、ワーキングメモリもしくは長期記憶が行動を導いていることでも知られています。子どもから大人までを対象としたさまざまな先行研究から、ワーキングメモリに必要とされる脳領域として、前頭前野が一般的に知られています。

また、ワーキングメモリと神経伝達物質の関係も深いと考えられます。脳内は、ニューロンによる神経ネットワークが構成されています。軸策の終末は次のニューロンの樹状突起へとつながっています。軸索の終末と次の樹状突起と

の間はシナプス間隙と呼ばれここでは、電気信号でのやり取りではなく神経伝達物質が放出されます。神経伝達物質の例としてドーパミンが有名ですが、このドーパミンの神経伝達がワーキングメモリ機能の中心的な役割を担っているとされています。

(3) ワーキングメモリの構成

それでは、もう少し具体的に、ワーキングメモリの構成について触れておきましょう。ワーキングメモリは、視空間ワーキングメモリを司る視空間スケッチパッド、言語ワーキングメモリを司る音韻ループ、知識や経験などの長期記憶を取り出し一時的に保存するエピソードバッファの3つと、これらの調整等を行う中央実行系から構成されています。視覚的な情報、聴覚的な情報、過去の経験などを必要に応じて記憶から出し入れすることで、効果的かつ効率的に物事を進めることが可能となるわけです。

ただし、このワーキングメモリは、何か特別な事象にのみはたらくわけではありません。例えば、日常生活行動では、ワーキングメモリは食行動とも関連しています。具体的には、大学生において抑制・情動・外発といった食行動とワーキングメモリ等の間には関連があることが示唆されており、ワーキングメモリが食行動という生命を維持する日常的な行動にも関与していることが推察されます。このように、ワーキングメモリは私たちの身近な行動にも関連している可能性があると言えるでしょう。

これらのことから、ワーキングメモリが上手く機能しないことで、日常生活において「生活のしづらさ」を感じる場面が出てくることが懸念されます。しかし、機能低下したワーキングメモリは改善しないわけではありません。視覚、聴覚、嗅覚、触覚等への刺激や有酸素運動によってワーキングメモリは向上する可能性が期待できます。注意を持続させること、あるいは姿勢を維持させること等は、日常生活を柔軟に営む上で重要であることは間違いありません。この「柔軟に対応できる力」は、現代社会に求められがちな効率的という言葉にも関連するものです。効率的に物事をこなすと、その分、フィジカル面の負荷は減少するかもしれませんし、そのことで、自分自身の時間（プライ

ベートな時間）を、より創り出すことができるのかもしれません。

(4) ワーキングメモリの向上

　ワーキングメモリは固定的なものなのでしょうか。一度低下したワーキングメモリは向上しないのでしょうか。答えは、ノーです。先行研究においては、ワーキングメモリは、習慣的運動によって向上させることが可能であるとされています。一方、運動のようにアクティブな手法ではなく、五感への刺激やリラクゼーションがワーキングメモリに影響を及ぼす可能性も示唆されています。例えば、障がいがない人の五感への刺激は、ワーキングメモリの向上をもたらす可能性があります。

　このことは障がいがない人の場合に限ったことではありません。障がいのある人の場合でも視覚刺激によるパソコンを用いたトレーニングや有酸素運動を交えたトレーニングによってワーキングメモリが向上するともいわれています。

(5) スヌーズレンとワーキングメモリ

　ここまでのことを含めてスヌーズレンに着眼すると、スヌーズレンがワーキングメモリに影響を及ぼすことが示唆されます。スヌーズレンは、視覚、聴覚、触覚、嗅覚、味覚などを適度に刺激する活動であるわけですから、この刺激によってワーキングメモリに好影響を与えることが予想されます。知的障がい等の場合は、障がいの程度が重度化するにつれ、ワーキングメモリも低下するとされているため、ワーキングメモリの向上にスヌーズレンが寄与できるとすれば、障がいのある人のよりよい生活につながることは言うまでもありません。

　スヌーズレンは、さまざまな道具を使用して、対象者に合わせた実施が可能です。その際には、対象者と環境と介助者の三項関係が重要となります。ヒトは、環境との相互作用の中で生活を営んでいるため、スヌーズレンにおいても五感への刺激に加えて、介助者の関わり方も重要となります。介助者の存在がいかに対象者のワーキングメモリに影響を及ぼすのか、この点については、コ

ミュニケーション面でのワーキングメモリに関する研究も行われていることを参考に、今後検討していくことが必要となるでしょう。

　ワーキングメモリは、より良い生活を送るための機能であると考えます。スヌーズレンがこのワーキングメモリをより伸ばすことのできる一助となることを願ってやみません。

（桃井　克将）

4．活動としてのエビデンス ── 包括的評価 ──

　スヌーズレンに対する評価には、「対象者に対する評価」「2項関係・3項関係の評価」「使用する機器・器材に関する評価」「実践する部屋（環境）の評価」「対象者に対する多重感覚の意味付・目的に関する評価」「セッション（流れ）・授業・セラピーとしての評価」「グループ（集団）としての成長の評価」「実践者・教育者・セラピストの変化・成長をみる評価」等が考えられます。

　スヌーズレンの対象の中心となる、重症心身障がいの子どもたちの、活動の結果による生理学的変化の評価や、発達的な成長を客観的にとらえることは困難です。

　ここでは、スヌーズレンの「対象者に対する評価」について、包括的にどうとらえたらよいか述べていきます。

(1) 事例の現在の状況（情報）について

　重症心身障がい児（者）の障がいの程度は極めて多様ですが、事例発表や事例研究を積み重ねていくには、ある程度共通の分類で障がいの程度を提示する必要があります。大島分類では、重症心身障がい児の区分として分類表の1から4までを重症心身障がい児と定義しています。

```
                      〈知的発達〉
  ┌──┬──┬──┬──┬──┬──┐
  │E6│E5│E4│E3│E2│E1│ 簡単な計算可
  ├──┼──┼──┼──┼──┼──┤
  │D6│D5│D4│D3│D2│D1│ 簡単な文字・数字の理解可
  ├──┼──┼──┼──┼──┼──┤
  │C6│C5│C4│C3│C2│C1│ 簡単な色・数字の理解可
  ├──┼──┼──┼──┼──┼──┤
  │B6│B5│B4│B3│B2│B1│ 簡単な言語理解可
  ├──┼──┼──┼──┼──┼──┤
  │A6│A5│A4│A3│A2│A1│ 言語理解不可
  └──┴──┴──┴──┴──┴──┘
  戸 室 室 座 寝 寝   〈特記事項〉
  外 内 内 位 返 返   C：有意な眼瞼運動なし
  歩 歩 移 保 り り   B：盲
  行 行 動 持 可 不   D：難聴
  可 可 可 可   可   U：両上肢機能全廃
                     TLS：完全閉じ込め状態
       〈移動機能〉
```

図1　横地分類
（改訂大島分類）（http://www.gakkai/yokochibunrui, html）

　図1の横地分類（改訂大島分類）では、「移動機能」「知的発達」「特記事項」の3項目で分類しています。特記事項では、感覚面を主とする「眼瞼運動」・「視覚」・「聴力」・「上肢の運動機能」・「閉じ込め状態」について評価します。特記事項について段階付けできれば、スヌーズレンの評価に必要な感覚情報の処理に関する能力が記載できます。

(2) 対象者についてICFの概念で包括的に評価する
　包括的に対象者の状態を示すために、ICFの概念を用いる場合があります。ICFは、人間の「生活機能」と「障がい」を判断するための「分類」の仕方を示したものですが、「医学モデル」と「社会モデル」を統合するものということができます。図2はスヌーズレンの取組みの一部を、このモデルに当てはめてみたものです。科学的検証や効果を、心身機能・構造で一つひとつ評価しその意味を問うと、事例に関わる人たちの願いである生活の質や、社会参加への繋がりが見えにくくなってしまいます。また、心身機能の改善（効果とするなら）と生活の中でおきる実践とが乖離してしまいます。そうならないために

も、包括的な評価の方法としてICFの概念を利用して、対象者の全体像を整理し、スヌーズレンの目的を共有する必要があると考えます。

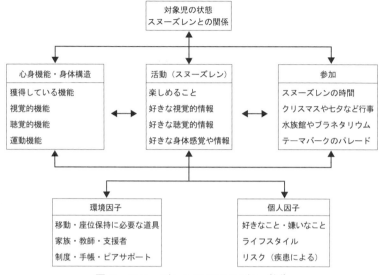

図2　スヌーズレンのICFモデル（例）

（遠藤　浩之）

引用・参考文献

姉崎 弘, (2013) わが国におけるスヌーズレン教育の導入の意義と展開. 特殊教育学研究, 51, 369-379.

Baddeley, A. D. (1992) Working memory. Science, 255, pp556-559.

Bauer, M., Rayner, J.A., Tang, J., Koch, S., While, C., & O'Keefe, F. (2015) An evaluation of Snoezelen compared to 'common best practice' for allaying the symptoms of wandering and restlessness among residents with dementia in aged care facilities. Geriatric Nursing, 36, pp462-466.

橋本 翠, 吉田勇太, 小西賢三 (2017) 疼痛緩和に及ぼす多感覚環境 (Snoezelen) の影響 ― ERPを用いた検討 ― . 日本生理人類学会誌第75回大会概要集, p51.

Kennel, S., Taylor, G.A., Lyon, D., &Bourguignon, C. (2010) Pilot feasibility study of Binaural Auditory Beats for reducing symptoms of inattention in children and adolescents with Attention-Dificit/Hyperactivity Disorder. Journal of Pediatric Nursing, 25, pp3-11.

公益法人日本重症心身障がい福祉協会：重症心身障がい療育学会　横地分類
http://www.gakkai/yokochibunrui.html（参照日：2018年6月15日）
厚生労働省：「国際生活機能分類 ― 国際障がい分類改訂版 ― 」（日本語版）
http://www.mhlw.go.jp/houdou/2002/08/h0805-1.html（参照日：2018年6月15日）
McKee.A, S., Harris.T, G., Rice.E, M., & Silk, L. (2007) Effects of a Snoezelen room on the behavior of three autistic clients. Research in developmental Disabilities, 28, pp304-316.
Padmanabhan, R., & Hildreth, A, J., &Laws, D. (2005) Prospective, randomised, controlled study examing binaural beat audio and pre-operative anxiety in patients undering general for day case surgery.Anaesthsia, 60, pp874-877.
Poza, J., Gomez, C., Gutierrez, T.M., Mendoza, N., & Hornero, R. (2013) Effects of a multi-sensory environment on brain-injured patients:Assessment of spectral patterns. Medical Engineering & Physics, 35, pp365-375.
M.Takahashi & J.Tanaka (2016) Serotonin release in the subfornical organ area induced by sodium and water intake in the rat, Physiology & Behavior, 164, Part A pp123-128.
M.Takahashi & J.Tanaka (2017) Noradrenaline receptor mechanisms modulate the angiotensin II-induced water intake in the subfornical organ in rats, Experimental Brain Research, 235, pp833-839.
M.Takahashi & J.Tanaka (2017) GABAergic modulation of noradrenaline release caused by blood pressure changes in the rat median preoptic area, NeuroReport, 28(9), pp485-491.

第4章

スヌーズレンルーム、器材・用具とその使用法

第1節　スヌーズレンルームの紹介と使用法

1. スヌーズレンルームの紹介

　本項では、MSEの専門家であるPagliano, P.（1999）の学説を参考に以下述べることにします。

（1）ホワイトルーム

　これは、スヌーズレンの創始者のヤンとアドが最初に始めたルームで、MSEでも最もよく知られているルームです。ホワイトルームは、よくレジャー、リラクゼーション、アロマテラピー及びマッサージで使用されています。

　白い壁・床・天井と家具からなり、3方向の面にプロジェクターで映写ができ、ミラーボールの効果も壁面などに現れます。その他の器材としては、バブルチューブ、ソフトプレイ用マット、ボールプール、サイドグロウなどがあります。部屋は大抵うす暗く保たれ、バックにソフトな曲をかけます。

（2）ダークルーム（またはブラックルーム）

　ダークルーム（またはブラックルーム）は、はじめ視覚障がいのある子どもたちに関わる専門家によって、視覚のアセスメントや訓練の領域で開発されました。ルームは大小さまざまなものがあり、壁、天井、床が黒色で塗られています。ホワイトルームと同様に、ルームの照明スイッチがオフになると、ルームは完全に暗くなります。

　このルームでは、懐中電灯やサイドグロウ、ブラックライトや色の付いたライト、紫外線の光、調光器が使用されます。ダークルームでは、ホワイトルームと同じような器材が使用されます。障がいのある子どもには、ダークルームで恐れを抱いたり、方向感覚を失わないように注意する必要があります。ダークルームは、視覚的な器材の効果を高めるような中立の色が使用されています。

(3) サウンドルーム（音響の部屋）

　サウンドルームは、はじめ聴覚障がいのある子どもたちに関わる専門家によって、聴覚のアセスメントや聴能訓練、音楽と話し言葉の領域で開発されました。ルームは、音響的に繊細な素材でできた壁と天井から成り立っています。ドアを閉めると、このルームは遮音されて、外部のすべての雑音を取り除きます。

(4) インタラクティブルーム（交互作用の部屋）

　インタラクティブルームは、子どもたちに因果関係について理解させる機会を提供します。交互作用は、特別に設計されたスイッチまたは運動感覚器材の使用を通してなされます。人のわずかな動きによってスイッチが入り、音声が出るなどして、そこに楽しみを見いだしたり、注意を促したりする効果があります。器材は、サウンドビーム、音と光の床、交互作用的な無限に続くトンネル、ライトと扇風機が交互作用を起こすように、すべて設計されています。

(5) ウォータールーム（水の部屋）

　水は、感覚教育において最も活用されていない自然の資源です。創始者のヤンとアドは、水は豊かな可能性を秘めていると述べています。それが人の身体を包み込み、適当に熱せられるなら、心地よさと温かさを感じとれます。水は浮力によって人の体重を支え、身体の動きを容易にします。水は因果関係を説明するのにも使用することができます。ヤンとアドは、ウォータールームの中に、プールの窓を遮蔽して、調光器と水面下の水の光と周囲にプラスチック製の植物を配置して、熱帯的な環境をつくりました。また大きなジャグジープールを持つ他のウォータールームもあります。ウォータールームでは、個々の使用者に適当な刺激を提供します。例えば、シャワー、滝、光があり、ジャグジーはさらなるリラックスを促すことができます。

　カナダのトロントにある子ども病院には、スヌーズレンのセラピープール（ウォータールーム）があります。その温水プールの周りに、プロジェクターの映像、サイドグロウ、水面の下には音響設備を設置して、利用者に対するリ

ラクゼーションや楽しい活動の促進、痛みの軽減等に寄与しています。

(6) ソフトプレイルーム

　ソフトプレイの環境は、ボールプールや、つみ木型の遊具を積み上げたり、登ったり、走ったり、飛んだり、跳ねたり、転がったり、滑り込んだりするのに使用されるソフトプレイの備品または固いプラスチック製の備品を含みます。このルームは、特に若い子どもたちが楽しく活動するのに適しています。また視覚障がいのある子どもが、外で遊ぶのを制限されている場合や動作が困難な肢体不自由の子どもにおいても、このルームが使用されます。またこのルームは安全な場所を提供してくれます。

　なおその他に、MSEでは、家の外の環境、たとえば、学校の校舎の外にある多重感覚環境のガーデン（庭）は、花の色や香り、風や日光、日陰など、多重感覚の刺激に富み、刺激の効果が期待されます（なお、MSEでは、室内の他に、室外の多重感覚環境の活用も可能です）。

（姉崎　弘）

2．スヌーズレンルームの設置と使用法

　本節の第2項～第4項は、Mertens, K.（2003）の学説を参考にして以下に述べることにします。

(1) スヌーズレンルームの計画と設置

　スヌーズレンルームを使用する人たちは、今ある器材や用具をどのように使用するのが適切なのかがわからなかったり、さらに多くの器材や小物の中から利用者の目標に沿って、ふさわしい物を選択することができない場合が多く見受けられます。

　基本的に、ルームは利用する人たちのニーズに応じたものになっていなければなりません。そしてルームのもつ気持ちの良い雰囲気は、複数の異なる感覚刺激の使用によってもたらされます。通常、すべてのスヌーズレンルームには、以下のものが必要です。

> - 適当な温度（22 〜 24℃）であること
> - 換気がなされていること
> - 良いにおいがすること
> - 設置基準に適合した照明（ライト）を使用すること
> - 快適な場所でくつろげる機会があること
> - 異なるサイズの十分な数のクッションと毛布が用意されていること
> - 可動可能な壁であること
> - 音楽 CD の十分なコレクションがあること
> - 音響をコントロールすることのできる装置があること

　ルームの基本は、「白色」あるいは、白に近い色であること（この色は、最も視覚的な効果を強調することのできる色調です）。ルームの床は、コルク、耐久性のあるゴム製、または硬いフェルトで覆う必要があります。床は、簡単に掃除ができて、身体障がい者が歩いたり、車椅子でも安全に横切ることができなければなりません。スピーカーはルームの角（コーナー）に取り付けます。ミラーボールは、ルームの中心から少し離れた場所に設置する必要があります。ミラーボールのモーターは静かなものを使い、回転はゆっくりな方がよいです。1分間あたり1回転がリラックスするにはちょうどよい速度です。プロジェクターの映像は反対側の壁に映写します。ルームの入口を入って、一番奥側にウォーターベッドを設置します。

　またバブルチューブは、ルームのコーナー（角）に、パッドを入れた土台の上に2本置くようにします。その中にボールや小魚を入れるとさらなる関心を呼びます。これらは天井または壁に安全に固定します。2本のバブルチューブを映す高さほどあるアクリル製の鏡をコーナーの両側の壁に取り付けます。歪曲した鏡像にならないように、硬い鏡材料を使用します。バブルチューブには大きさの違いもあります。そしてバブルチューブのポンプとモーターが静かに回転することが重要です。すべての器材は、ルームの中央へ向かってまわりを取り囲むように配置させます。入口からウォーターベッドまでの経路は、人が歩くことができ、車椅子でも容易に通れるようにしておきます。可動式のファイバーグロウ・カーテンはルームを仕切ることができ、必要に応じて移動

させます。

　特に、スポットライトとクッションと毛布の色をどのようにするかは、ルームにそれぞれ異なる印象を与えます。またミラーボールを照射する色の付いた旋回版のライトの色は、プロジェクターの映像やバブルチューブ、星のカーペットの効果が失われない程度の控えめな色を使うようにします。そして重要なことは、同時にすべての器材のスイッチを入れるのではなく、作動させる器材は少ないほどよいということです。触覚用のボードは、廊下、または別室に置いておきます。モビールも控えめに使います（必要なら掛けるだけでもいいです）。アロマディフューザー（香り拡散器）の使用も重要です。気持ちをリラックスさせる効果をもたらすには、中にオレンジ、ライム、メリサ、ユーカリ、ベルガモット、ジンジャー、ラベンダーを入れるとよいです。特に気持ちのいら立ちを抑えるには、天然の物質（エッセンシャルオイル）のみを用いる必要があります。

(2) スヌーズレンの器材

　これまでの知見から、基本的なスヌーズレンルームは、ごくわずかな視覚刺激と音響器材でも、効果が現れることが知られています。利用する器材は、個々の状況（利用する人たちの状態、ルームの大きさ）に沿って組み合わせます。以下のアイテムが基本的な器材として推奨されています。

```
・バブルチューブ（効果を高めるために鏡の前に置かれる）
・鏡用具（壁の小スペースや天井をカバーする）
・ミラーボール
・スポットライト（ミラーボール用）
・液体プロジェクター（3枚の交換できるディスク付き）
・ファイバーグロウまたはファイバーグロウ・カーテン（滝）
・ブラックライト
・CDプレイヤー（スピーカー付き）
```

（姉崎　弘）

3. スヌーズレンルームの安全対策

　スヌーズレンルームは、利用者が部屋に入るとすぐに、魅力的で興味を感じることができるような雰囲気をつくる必要があります。それは、ルームの設計やさまざまな器材・用具、照明、室温と楽しい音楽で構成されます。特に、安全対策は、当然計画の段階で考慮されるべきものです。スヌーズレンでは、一般的には安全基準を満たした器材が使用されます。

　ルームは、少しの鋭い端もないようにする必要があります。ステップは明るくするか、小さな蛍光ランプを用いて見えやすくします。ルームは気持ちのよい温度（およそ22～24℃）を保つようにします。出口はよく見えるようにしておきます。コートを掛けるラックは隣のルームに用意します。

　ルームの壁やカーテン、座席、マット、床には、耐火性の材料を使用することを推奨します。それらの表面は、洗濯することのできるカバーで覆うことが望ましいです。表面は滑らかで、身体の曲線に沿う物を用います。

　ウォーターベッドは、6か月ごとに定期点検をし、水抜きと水の補充を行います。この時、気泡が生じたら細菌を防ぐ化学的なメンテナンスも6か月ごとに行います。バブルチューブは、中を蒸留水のみで満たす必要があり、蒸留水が減ってきたら定期的に補充する必要があります。また必要に応じて、藻類の成長を止める化学薬品と石灰酸化物を加えます。

　通常、利用者は照明が暗い時にルームに入ってくるので、床が水平であることは最も重要なことです。床面は蒸気掃除機を使って簡単にきれいにすることができます。

　天井灯はリモコンを使って操作します。一般的に、間接的な光は敏感な目をもつ人にはやさしいです。音響システムはリモコンを使って操作します。介助者は、その場所でリモコン操作をすることで、ルームの中を歩き回ることによる利用者への妨害を避けることができます。適当な音楽CDを選択して、その周波数と音量を適切に設定する必要があります。また聴覚障がい者がいたら、話をする人の近くに座らせる必要があります。

　香りを使用する場合には、事前に利用者に本人のもつアレルギーについて聞いておき、適切に配慮する必要があります。香りは、エッセンシャルオイル

(天然物質)のみを使用するのが望ましいです。

(姉崎　弘)

4. スヌーズレンルーム利用の際のガイドライン

　利用者は、一人ひとりさまざまな背景を持っています。高齢者や精神医学的な病気のある人たちは暗いルームをしばしば恐れることがあります。うつ病、躁病、恐れのような病気のある人たちには、ルームを50ルクス以上まで明るくしたりして、暗いルームを見せるのを避けるように配慮します。この理由から、最初はルームの明かりをつけたまま行うか、少しだけうす暗くするだけに留めます。ある人が、このルームにいることを心配そうに感じているなら、そして必要なら、その隣にいる人が代わりに「SOSカード」(危険信号カード)を上に高く挙げるようにします。このようにルームでは、介助者(指導者)は参加者の行動をよく観察することが大切です。

　そのルームの中で、介助者(指導者)は器材の刺激効果が、利用者に対して意味があるのか、それらの刺激は何の問題もないものなのか、利用者はこのルームを快適であると感じているのか、などについてよく観察することが大切です。まず最初は、2〜3の光源でルームを明るくし、何曲かの落ち着く音楽(リラクゼーション・ミュージック)をかけるのがよいでしょう。通常、個別のファイルを用意して、その人の健康状態、服薬、発作または発作の潜在的危険性、その他の起こり得る問題についての記録を付けます。このファイルは、毎回のセッションの前に介助者(指導者)が必ず目を通して読み、事後に毎回更新するようにします。

　まず、ルームの利用者は、スヌーズレンの専門のセミナーや研修を受講した専門家、できれば、スヌーズレンの有資格者といっしょにセッションのプログラムを受けることが重要です。スヌーズレンが教育やセラピーとして適用される場合には、上記の専門家がセッションを計画して、実践する必要があります。その専門家は、適切な教育的能力、あるいは治療的能力を備えています。特に、ルームがレクリエーションまたはリラクゼーション・スヌーズレンのためだけではなく、発達支援の教育のために、あるいは治療的な介入として利用

される場合には、スヌーズレンのさらなる資格証明書が必要になります。

　ISNA日本スヌーズレン総合研究所では、将来、スヌーズレンの資格認定セミナーを開催して、受講修了者に「スヌーズレン専門支援士」等の資格証明書を発行する計画を持っています。スヌーズレンの介助者または指導者は、利用者のニーズの把握と心情の理解ができ、さらに専門家としての知識と技能を有していること、といった特別な専門性によって特色づけられます。

　ルーム内では、快適で、ゆったりとした、軽い衣服を着用するようにします。ルーム内では、ルームの中だけで着用できるスヌーズレン専用のソックスを使用します。介助者（指導者）が、利用者ととても近い身体的な接触をする場合には、特に衛生面に気を付けて、身体や口の臭いを防ぐことが非常に重要です。利用者への言葉かけは、明瞭、明白で、早口を避け、声のピッチはあまり高くならないようにします。ルームは、複数の電気器材を備えていて、衛生的な状態に保たれる必要があります。また、利用日誌には、毎回利用者本人か介助者（指導者）が必ず記録を付けるようにします。

　このようなガイドラインを厳守することで、スヌーズレンは誰でも楽しめる環境になります。危険の源が一つでも見落とされると、重大な騒動になるので注意が必要です。

（姉崎　弘）

参考文献

Mertens, K. (2003) Snoezelen- Eine Einführung in die Praxis. Verlag modernes lernen Borgmann. 姉崎　弘監訳（2009）スヌーズレンの基礎理論と実際 ─ 心を癒す多重感覚環境の世界 ─. 大学教育出版，pp38-48.

Pagliano, P. (1999) Multisensory Environments. David Fulton Publishers London. pp42-47.

第2節　スヌーズレンの器材・用具の紹介と使用法

1. スヌーズレンの代表的な器材・用具の紹介

　1978年頃にアド・フェアフールらが始めたスヌーズレンルームの原点であるアクティビティテントは、現在のようなスヌーズレン器材は当時にはないため、身の周りにあるさまざまなものを工夫しながら、誰もが楽しめる空間作りが行われていました（第1章第1節p3～5参照）。そこから現在までに、素材や電子工学などの技術的発展に伴い、スヌーズレンの器材はさまざまなものが開発されてきました。本節では、スヌーズレンルームに導入される器材として代表的なものを紹介すると共に、国産のバブルチューブの開発経緯やその製品評価について説明します。

　スヌーズレンに利用される器材としては、人の五感である視覚・触覚・聴覚・嗅覚・味覚に対して優しく刺激することが重要となります。例えば、ディスコやクラブなどで使われているミラーボールは、比較的高回転で回すことで心の高揚に効果があり、スヌーズレンルームでは、一般に1分間に1回転という低回転で回すことで心を沈静させる効果があることが判ります。このように同じ器材であっても、その用い方によって五感に対する刺激の在り方が違うのです。では、スヌーズレンルームに導入されている代表的な器材について説明していきます。

(1) ミラーボール

　球体に円形の鏡を全面に貼り付けたもので、誰がいつ発明したかは不明です。1970年代にアメリカでディスコブームが到来した時には、ディスコには欠かせないアイテムとなっていました。国内では大型のミラーボー

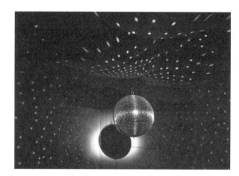

図1　ミラーボール

ルは、株式会社日照が唯一生産しています。前述した通りスヌーズレンルームでも導入されるケースはありますが、1分間に1回転かそれ以下の回転数で回転させると非常に穏やかな効果があるとされています。手作りでミラーボールを作る場合は、ヤン・フルセッヘ/アド・フェアフール著、姉崎　弘監訳の『重度知的障がい者のここちよい時間と空間を創るスヌーズレンの世界』（2015）に作り方が記載されているので参考にしてみると良いでしょう。最近では、カラーLEDランプを回転させて天井に投影させるタイプのミラーボールもあります。

(2) サイドグロウ

　光ファイバーは本来、情報通信分野における光伝送ケーブルとして開発されたものであり、デジタル通信で多用されている材料であります。また、光源から光ファイバーを通して先端で光らせることができる特徴から装飾用としても用いられています。スヌーズレン器材ではサイドグロウの名称で利用されていますが、人が触れても問題がないように光ファイバーにラテックスフリーの合成ゴム系の樹脂でコーティングされています。この光ファイバーを50本から200本ぐらいを束ねて光源と接続したものがサイドグロウとして販売されています。サイドグロウは、光による視覚刺激だけではなく、ストリングスの束を触ることで触覚刺激も得ることができます。

図2　サイドグロウ

(3) プロジェクター

　プロジェクターは、ディスクに描かれた絵柄をスヌーズレンルームの壁面などに投影する器材であり、主に視覚に効果があります。投影する壁面がない場合や簡易的に投影したい場合は、ホワイトプロジェクションアンブレラと呼ば

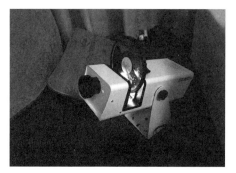

図3　ソーラープロジェクター

れる白色の生地の傘に投影して楽しむこともあります。ディスクの絵柄には、「水の世界」「季節」「旅行」「自然」などさまざまなテーマの絵柄があります。また、着色された水と油などの液体をガラスディスクに封入して、回転すると模様が無限に変化するディスクもあります。

　最近では、通常使われるプロジェクターでも小型で高性能な製品も出ており、環境映像などを投影して、より動きのあるリアルな映像で楽しむこともできます。また、投影するスクリーンも透過性のあるカーテンを用いるとよりリアルな映像になります。

(4) クッション

　クッションは、心身をリラックスさせるために重要なアイテムです。クッション使われる生地や詰め物もさまざまなものが出ていますが、いずれもラテックスフリーなどアレルギーに対して問題がなく丈夫で防火性なども考慮した製品である必要があります。こうしたクッションなどの生地は、ポリ塩化ビニール、ナイロン/PU、ソフト・シルキー、ポリトランなどが使われている様

図4　ミュージカル・ポジショニングクッション

です。詰め物の素材もさまざまなものがあり、パウダービーズ、ポリエチレンパイプ、高反発ウレタンフォーム、ポリエチレンフィルム、高機能ポリエステルなどがあります。

　クッション自体も生地の肌触りから体のホールド感を感じる触覚からスピーカーやバイブ

レーションを内蔵して聴覚と触覚を同時に刺激するものまであります。

また最近では、「快適で動けなくなる魔法のソファー」の売りで販売されている「Yogibo®（ヨギボー）」と呼ばれるソファーを使っているところもあります。

(5) アロマディフューザー

アロマディフューザーは、どこでも手軽に手に入れることができる器材です。アロマオイルもさまざまな種類の香りがあり、利用者の好みに合わせて選択すると心身をリラックスさせることができます。アロマディフューザーには、効果音が内蔵されたものやミスト拡散できる機能もあり、嗅覚の刺激だけではなく聴覚や視覚を刺激することができます。

図5　アロマディフューザー

(6) 音楽

スヌーズレンに音楽は欠かせません。リラクゼーション用の曲は多く販売されています。また、鳥のさえずりや波の音など自然の環境音を録音したCDなどもあります。スヌーズレン専用に作曲されたCDもあります。ただし、高齢者の場合は聞き慣れない曲よりも懐メロなどを流したり一緒に歌うことで気分が和やかになります。

スヌーズレンで使われるCDには、ヒーリングやリラクゼーションを目的

図6　スヌーズレンのためのCD
Relax'Creation project Inc, Release 2015

とした曲やオルゴールをベースとした曲などが使われます。また、Youtubeでもスヌーズレンに使えるリラクゼーションの曲は沢山あります。

(7) バブルチューブ

バブルチューブは、1970年代中頃には、ヤン・ヘッセとアド・フェアフールによって考案されたとされています。今では、スヌーズレン器材の三種の神器の1つともされています。スヌーズレン器材の中では、高さもあり大型の器材でもあるのでスヌーズレンルームに設置すると存在感のある器材でもあります。チューブ本体は透明なアクリル素材で出来ており、直径や高さなどさまざまな規格のバブルチューブが販売されています。光源も以前は、白熱球に光を透過するカラーフィルムを回

図7 バブルチューブ

転させて光源色を可変させていましたが、LED電球が開発されて以来、3原色を可変させてさまざまな光源色を出すことができます。もともとLED電球は省エネであり、発熱もほとんどないので長寿命であることが利点となっています。大きなボタンスイッチで無線コントロールによってバブルチューブの光源の色を変えることもできるタイプもあります。

(8) ウォーターベッド

スヌーズレンに使われる寝具にはさまざまなものがありますが、ウォーターベッドはウォーターバッグ内に水を入れて浮力を楽しみながらリラックスに導くアイテムです。追加機能としては、ヒーターが内蔵されていたり、音楽が流れて音の振動を感じたりするものもあります。国内では、スヌーズレンルームに十分な広さが取れない、器材が高額である、水に防腐剤を入れたり定期的な

メンテナンスが必要になるなどで、購入の優先順位としても下がる傾向にあり、導入しているところは稀です。

(9) 光るボールプール
　ボールプールは、子どもたちが大好きな遊具の1つです。遊園地やアミューズメント施設、デパートの一角などに設置される一般的な遊具でもあります。ウレタン製の外枠の中にポリエチレン製の大量のボールを入れ、その中に身を預けると一つひとつのボール弾力が体に当たり心地よい気分になります。スヌーズレンルームでは、半透明なボールに底面からLEDランプで照らすと幻想的な感じになり、視覚的な効果も含めてリラクゼーションに導きます。

図8　ウォーターベッド

図9　光るボールプール

（嶺　也守寛）

2. スヌーズレン器材・バブルチューブの開発

　海外製品のバブルチューブについては前頁で述べましたが、東洋大学ライフデザイン学部人間環境デザイン学科・嶺研究室では、川越商工会議所の異業種交流グループKOEDO会とスヌーズレン器材の共同研究を行っているところです。ここでは、スヌーズレン器材の中でも三種の神器といわれているバブルチューブの開発について述べたいと思います。

　バブルチューブの開発に着手した理由は、KOEDO会のメンバー企業である

昭立プラスチックス工業株式会社がアクリルパイプの国内トップメーカーであり、バブルチューブの直径や高さなどバラエティに富んだ開発ができるからです。そこにLEDランプなど電子部品を取り扱う株式会社ヤクモエレクトロとプリント基板などのメッキ事業を展開している株式会社プラニクスの三社で開発が始まりました。現在では、マインドテクノ株式会社としてスヌーズレン器材の製作販売会社を起業し、開発したバブルチューブは、発達支援センター、特別支援学校、放課後デイサービス、福祉作業所、病院、スヌーズレン実践研修センター、特別支援学校（養護学校）などさまざまなところに設置させていただき、評価を受けて来ました。バブルチューブ自体の効果に関しては、スヌーズレン器材の三種の神器と呼ばれているだけあって、とても好評で日頃の表情とバブルチューブの前にいる表情とは違い、利用者さんのとても素敵な笑顔が見られたり、好き過ぎてバブルチューブに抱きつきながらキスをしたりする姿が見られます。

　また、最初は不安そうにキョロキョロしながらスヌーズレンルームに入っていた利用者さんも、1度バブルチューブなどの器材で楽しい体験をすると、次も入りたい気持ちになるようです。また、介護者や指導的立場の方からの器材導入に関してのご要望としては、

　①小型のバブルチューブの開発など器材選定時に対応できる商品ラインナップ。
　②利用者自身の自主性や好みを尊重したスイッチなどのインターフェースの開発。
　③バブルチューブ以外のスヌーズレン器材の開発。
　④商品カタログを作成してWebサイトなどで公開する。
　⑤商品保証やアフターケアを明確にする。

などが挙げられます。

　国産スヌーズレン器材の開発の強みの1つとしては、皆さまのご意見を直接お聞きして取り入れることが可能であるということが言えます。

　嶺研究室では福祉デザイン工学の専門領域を活かして、日本独自のスヌーズレン器材の開発と日本人の文化に合わせたスヌーズレン環境の提案を行ってい

図10　バブルチューブが大好きな利用者さん

図11　さまざまなスヌーズレン環境の提案

ます。図11に示す通り、日本人の文化に合わせた「和のスヌーズレン」を提案したり、従来品にはないLEDランプの配置をした世界に1つしかないバブルチューブを開発したり、バブルチューブと環境映像の組み合わせたスヌーズレンを提案したりと嶺研究室の発想力と技術力で日本から世界へ発信できるように研究を進めていきます。

（嶺　也守寛）

3. サイドグロウの使用方法について

(1) サイドグロウについて

　サイドグロウは、プラスチックファイバーと光源装置を組み合わせて使用するスヌーズレン器材の一つで、プラスチックファイバーの光の色が変化することを見たり、触れたりして楽しむことができます。

図1　プラスチックファイバー　　　　図2　光源装置

　プラスチックファイバーには、1 m × 100 本、1 m × 15 本、2 m × 100 本、2 m × 150 本、2 m × 200 本、3 m × 150 本、3 m × 200 本などの種類があり、実践場面に応じて使い分けする場合が多いです。ファイバーの重さは、1 kg〜4 kg程度あります。踏んだりすると破損の恐れがありますので、留意が必要です。

(2) サイドグロウの用い方

　サイドグロウは、一般的に床において、見たり、触れたりして楽しむことが多いですが、側臥位で触れる（図3）、頭からかぶる（図4）、1本を手渡す（図5）、身体に巻き付ける（図6）などの用い方があげられます。その他にもお子さんの特性に応じて、さまざまな用い方ができる器材であるといえます。

図3　側臥位で触れる　　　　　　　図4　頭からかぶる

第4章　スヌーズレンルーム、器材・用具とその使用法　107

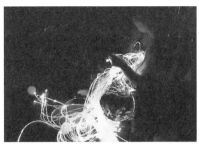
図5　1本手渡す

図6　身体に巻き付ける

(3) サイドグロウを使用した際の子どもたちの様子

　ここでは、筆者の過去の実践より、サイドグロウを使用した際の子どもたちの様子について、述べていきたいと思います。

　ア　発達障がいのある子どもたちの様子
　・光源装置とファイバーの組み合わせに強い関心をもち、どこから光が出て、ファイバーが光っているのかを確かめようとしていたお子さんがいました。
　・自閉的な傾向のあるお子さんが、サイドグロウのファイバーを手に取って、支援者や保護者に手渡そうとするケースが多く見られました。

　イ　知的障がいのある子どもたちの様子
　・ファイバーの色が変化していることに関心をもって、友達に伝えに行こうとする子どもたちがいました。
　・手で触れながら見つめているお子さんがいました。

　ウ　肢体不自由のある子どもたちの様子
　・身体に巻き付けて、笑顔が出ているお子さんがいました。
　・ファイバーが光っている様子を見て、仰臥位からの姿勢変換後、腹這いを2ｍ程度行い、ファイバーに触れようとしていたお子さんがいました。

　このように、サイドグロウの器材は、障がいのあるお子さんの自発的、主体的な行動を促し、発達支援につながる可能性があると推察されます。それぞれの実践現場の幼児児童生徒や利用者の方々のニーズに沿って、活用方法を検討

していくことが望まれます。

(高橋　眞琴)

引用・参考文献

高橋眞琴（2013）みんないっしょに！キラキラあそびプログラム　第4回　風や光で五感に働きかける」月刊　実践障害児教育，481，pp29-32.

Hulsegge, J., & Verheul, A. (1987) Snoezelen another world.ROMPA.U.K. 姉崎　弘監訳（2015）重度知的障がい者のここちよい時間と空間を創る スヌーズレンの世界．福村出版，pp186-187.

Relax'Creation project Inc (2015) Pathway to Communication Vol.1 ~for Therapists & Clients~.

第5章

スヌーズレンの実践の仕方

第1節 スヌーズレン実践における介助者（または指導者）の基本姿勢

1. スヌーズレンの実践を行う前の確認事項

(1) 介助者または指導者のできることとできないことを知ります。

　自分がリラクゼーションを促すことしかできないなら、それのみを行うようにします。自分ができないことは、しないようにします。

(2) 利用者の気持ちやニーズをよく知ってから実施します。利用者はどうなりたいと願っているのか。

　利用者の目的がリラクゼーションなのか、教育なのか、セラピーなのか。保護者からも要望を聞くようにします。

(3) 利用者の実態把握、セッションの目標設定と評価、使用する器材や用具を準備します。

　利用者の行動観察やさまざまな情報から、本人と介助者（指導者）との合意のもとで目標を設定し、結果を毎回の記録表や評価表に記入します。無目的に実施はしないことです。またあらかじめ、使用する器材や用具の使用方法にも精通しておく必要があります。

(4) 介助者（指導者）を毎回できるだけ固定します。

　毎回の利用者の様子を同じ観点から継続して観察し評価していくことで、その変容を追跡できます。また介助者（指導者）を毎回代えると、利用者が混乱してしまいますので注意が必要です。

2. 利用者の気持ちやニーズに応じた環境を設定します

(1) 利用者のニーズに応じて、適宜環境や使用する器材・用具を変えてみます。

　設定した環境に、利用者を合わせることは決してしないようにします。利用者の気持ちやニーズの変化に応じて、器材等の配置換えをまめに行います。対象者にどのような器材等がふさわしいのかを考えます。準備したスヌーズレン空間を決して固定したものと見なさないようにします。

(2) 目的に沿って使用する器材や用具を精選します。

(3) 利用者への関わり方（セッション）の計画を立てます。

　計画どおりにセッションを行うのが必ずしも目的ではなく、介助者（指導者）がセッションの展開に見通しを持ちながら、余裕をもって実践に臨む姿勢が大切です。

(4) セッション中の利用者の反応に応じて、介助者または指導者の関わり方を柔軟に変えていきます。

　本人に起こり得る行動を予測して、適切に柔軟に対応するようにします。

3. 介助者または指導者の基本姿勢

(1) スヌーズレンは三項関係から成ることを理解します。特に、介助者（指導者）は、利用者と環境を結びつけるコーディネーターの役割をもっています。

(2) 利用者をルームに一人にしないようにします。必ず側に人がつく必要があります。

(3) 介助者（指導者）の態度と雰囲気が利用者に反映されていることに注意して関わる必要があります。

(4) 介助者（指導者）は、常に利用者に寄り添い、触れ合い、観察し、共感的理解をもって接するように心がけます。

　例えば、利用者が楽しそうにしていたら、一緒に心から楽しむようにします。また、つまらなさそうにしていたら、本人にどうしたいのかを尋ねます。そして器材や用具を替えてみたり、居場所や刺激の種類と量を変えてみます。選択肢を用意し、本人の主体的な行動を待ちます。優しい声かけとソフトなスキンシップも不可欠です。セッション中の利用者の気持ちを自分のことのように感じとるように努め（共感的理解）、利用者の傍で一緒に横になることも大切です。利用者と同じような位置で、同じ目線で見てみることで、本人の気持ちの理解に努めます。

4. スヌーズレンは器材等を媒介にした「人と人との触れ合い」です
   (1) 創始者たちは、何より大切なのは「人と人との触れ合い」であることを強調しています。利用者がどのような人であっても、本人をまず受け入れることが大切です。介助者（指導者）は、心が温かく親切でなければならず、人に安心感を与えられる存在であることが大切です。
   (2) スヌーズレンは、「共感的手法」といわれるように、利用者に寄り添ってその気持ちを探り、利用者の気持ちを尊重して、共感しながら関わり、触れ合いを持つことが大切です。
   (3) スヌーズレンでは、利用者が幸福感や至福感を感じ取れるように配慮し、また次回を楽しみにするように関わり、よい体験をしてもらいます。
   (4) 介助者または指導者は、単なる観察者ではなく、利用者の良き理解者・共感者としても、利用者と環境とをより良くコーディネートし、心地よい充実した時間を過ごせるように配慮する役割があります。

5. より少ない刺激で最大限の効果を目指します
   (1) たとえ、比較的狭い空間であっても、また高価な器材がなく安価な器材や用具であっても、効果的なスヌーズレンを展開するように努めます。
   (2) 一つひとつの器材や用具の特性と使用方法をよく理解しておく必要があります。
   (3) 利用者に、決して無理強いをしないことです。
   (4) 利用者の興味・関心に基づいて、本人のやりたいことを優先します。
   (5) 利用者に不快な刺激は排除して、本人の好む刺激を取り入れます。
   (6) 今ある器材や用具で、どのようなスヌーズレンが展開できるのかを、あらかじめ事前に実施して研究しておくようにします。
   (7) できるだけ少ない刺激で、最大限の効果が現れるような、有意義な時間が過ごせるように工夫をします（利用者に対して、より「生活の質」の高い時間を保障するように努めます）。

6. リラクゼーションとしてのスヌーズレンの利用方法
　(1) 利用者が使用する器材・用具（本人の好む刺激）を選択して用います。
　(2) できるだけ利用者自身に、スイッチのオン・オフを行わせます。
　(3) 利用者の好む場所にいっしょに行き、共にリラックスします。
　(4) 介助者（指導者）は利用者に寄り添い、触れ合います。利用者の行動を観察してその思いに共感します。適宜必要に応じて声かけやスキンシップを行います（安心感を与え、不安にさせない）。利用者の希望で場所を移動します。その際、利用者との距離に留意します（近づきすぎず、遠すぎない）。
　(5) リラックスして、幸福感や至福感を感じられるように導きます。
　(6) 毎回必ず記録を残します。利用者の感想、始めと終わりの様子を書きます。さらに、例えば、行動面や心拍・血圧などの生理学的データの取得が可能なら、記述式と数値化した記録を残すようにします。

7. 教育やセラピーとしてのスヌーズレンの利用方法
　(1) 事前に、利用者の実態を把握した上で目標を設定し、内容・方法（用いる器材・用具、セッションの展開の仕方）を検討します。計画的に実施するようにします。
　(2) 利用者の当日の状況（体調や興味・関心）に応じて、活動内容や方法を適宜柔軟に代えて関わります。決して強制はしないことです。
　(3) 学習に集中しやすいスヌーズレン環境を活用して、子どもの発達を促したり、セラピーを行ったりします。用いる刺激を精選します（光と香りの刺激等）。例えば、プロジェクターの映像に、国語・算数・理科・社会の内容（写真や図を含む）を映し出して、教科学習を行います（この場合、スヌーズレンルームが教室になります）。また重度児の場合には、例えば、本人が好む光ファイバー等を用いて、本人と触れ合いながら自発的な手や体の動きを引き出したり、人とのコミュニケーション行動を導き、運動・動作や対人関係面の改善を図ります。そして何よりも本人の取組みを誉めます。

(4) 記録を付け、評価を行います（利用者側と指導者側共に）。また生理学的なデータの取得が可能なら、数値化した記録を残し、指導の改善を図ります。

(5) スヌーズレンの有資格者や専門家等から、指導場面を録画したVTR等を用いて定期的にスーパービジョン（指導・助言）を受けることも大切です。

（姉崎　弘）

参考文献

Hulsegge, J., & Verheul, A. (1989) Snoezelen ankther world. ROMPA. U.K. 姉崎　弘監訳（2015）重度知的障がい者のこころよい時間と空間を創るスヌーズレンの世界．福村出版．

Mertens, K. (2003) Snoezelen- Eine Einführung in die Praxis. Verlag modernes lernen Borgmann. 姉崎　弘監訳（2009）スヌーズレンの基礎理論と実際―心を癒す多重感覚環境の世界―．大学教育出版．

第2節　スヌーズレンの実践形態と二項関係の実践について

1. スヌーズレンの実践形態

　これまで、スヌーズレンの歴史や理念を概観してきましたが、現在スヌーズレンは、障がいのある方々の施設、特別支援学校以外にも、通常学校・通常学級、認知症のある高齢者の方々の施設、子育て支援の現場、行政機関、個人でのリラクゼーションをはじめとしてさまざまな場面に広がりを見せています。

　ここで、気になるのが、器材の導入ではないでしょうか。現在の実践を概観する限りでは、スヌーズレンの実践は、大きく分けると図1のようになると考えられます。

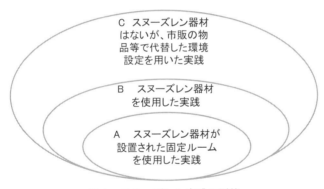

図1　スヌーズレン実践の形態

　まず、Aの「スヌーズレン器材が設置された固定ルームを使用した実践」においては、さまざまな器材が設置されており、スヌーズレンの環境設定がなされていますが、入室人数やメインテナンスに留意する必要があるでしょう。Bの「スヌーズレン器材を使用した実践」においては、器材を移動させ、スヌーズレン環境を創り出していくわけですが、移動時の器材の破損防止や移動させる際の人員配置、また準備や片付けなどへの配慮が必要でしょう。

　Cの「スヌーズレン器材はないが、市販の物品等で代替した環境設定を用い

た実践」では、使用物品の安全性への配慮、スヌーズレンの理念、行っている環境設定がスヌーズレン実践の質を担保しているかどうかについての確認が不可欠であると考えます。

(高橋　眞琴)

2. スヌーズレンの二項関係の実践について

　第1章で述べたように、スヌーズレンの特徴の一つとして「共感的手法」が指摘されています。したがって、一般的には、スヌーズレンは、利用者と環境（器材・用具）と介助者（指導者）の三者による共感を重視した活動であるため、この三項関係の成立による実践が本来のスヌーズレンであると考えることができます。

　特に、介助者（指導者）は、障がい者や認知症者等の利用者がより充実した時間を過ごすことができるように、利用者の実態やニーズの把握から、目標の設定、適切な環境の調整、関わり方の工夫、特に本人への寄り添いと触れ合いによる共感関係づくり、観察と評価と記録、次回に向けての改善策の検討まで、幅広い重要な業務を担っています。このようにして、効果的なスヌーズレンの実践を展開していきます。

　しかしながら、もう一方で、介助者や指導者が不在のまま、すなわち利用者と環境だけの二項関係の取組みでも、リラクゼーションが促されたりすることが経験的に知られています。この場合の利用者は、主として健常者に限られます。なぜなら、障がい者や認知症者の場合には、ルームに一人にすることで、さまざまな事故の発生などの危険性が危惧されるため、利用者を決して一人でルームで過ごさせることはしてはいけないことになっているからです。

　この二項関係でも、リラクゼーションを体験することができることから、ややもすると、介助者や指導者がいなくても、スヌーズレンができそうに思えてしまうことがしばしばありますが、これは本来のスヌーズレンではありません。しかし健常の利用者がリラクゼーションを目的にこのルームを使用することは自由です。この場合には、スヌーズレンルームを利用した「スヌーズレン的な活動」と呼べるかもしれません（第6章第5節の3 p202を参照）。

第 5 章　スヌーズレンの実践の仕方　117

　たとえば、自宅でも、周りに好きなスヌーズレンの器材や用具を配置して、コーヒーを飲みながら、くつろげるヒーリングの曲などをかけながら、ゆったりとソファーにもたれて余暇を過ごすことが考えられます。この場合は、二項関係によるスヌーズレン的な活動を行っているとみなすことができます。

　今日では、たとえば、ドイツのアディダスの会社の中に、社員のくつろげる空間として、スヌーズレンルームが置かれていて、仕事の疲れをこのルームで癒してから帰宅したりできるようになっています。こうした実践は今後さらにさまざまな職場において必要な取組みといえます。

　また、近年、PCで作成したCGと映写機を用いた「プロジェクションマッピング」の映像や、エプソンのファンタスプロジェクションによる「夢水族館」の映像等がとても素敵な色彩映像や音楽を演出していて、人々の注目を集めています。確かに、これらは人々に楽しいひと時を提供してくれるでしょう。ただ、どんなに素晴らしい映像や音楽であったとしても、環境と利用者との二項関係に終始する場合には、これはスヌーズレンではなく、あくまでも「スヌーズレン的な活動」であることに、十分留意する必要があります。

　繰り返しになりますが、これをスヌーズレンと呼ぶためには、「スヌーズレンの5つの基本要件」（P26）を満たす必要がありますが、とりわけ利用者の側に、一緒に共感できる人（介助者や指導者等）の存在が最低限必要になります。すなわち、利用者と一緒にその環境を楽しみ、お互いの思いを分かち合える人の存在が不可欠といえます。

（姉崎　弘）

参考文献
姉崎　弘編著（2012）スヌーズレンの基本的な理解 ― マーテンス博士の講演「世界のスヌーズレン」―．国際スヌーズレン協会日本支部．
プロジェクションマッピングとは：https://kotobank.jp/word/（参照日：2019年3月10日）
夢水族園 エプソン：https://www.epson.jp/SR/citizenship/fantas_aquarium/（参照日：2019年3月10日）

第3節　重度・重複障がい児へのスヌーズレンの授業の全国調査結果

1. 調査の目的と方法

これまで学校教育に関して、スヌーズレンの授業に関する調査結果が報告されていませんでしたので、筆者は、2012年に、スヌーズレンの授業が最も多く実施されている全国の肢体不自由特別支援学校262校の小学部・中学部・高等部の知的障がい教育代替の1類型と自立活動を主とする2類型（比較的反応が読みとれる児童生徒と比較的反応が読みとりづらい児童生徒）の3つの類型に所属する児童生徒を担当する教師グループを対象に、スヌーズレンの授業の現状と課題を把握することを目的にアンケートを実施しました。表1がその主な結果になります。

2. 調査結果の概要

表1　スヌーズレンの授業の主な調査結果

質問項目	主な回答
(1) スヌーズレン導入の理由	1位　リラックス効果（35%） 2位　主体的な動きを引出せる（18%）
(2) 教育課程上の位置付け	1位　自立活動（72%） 2位　遊びの指導（17%）
(3) 実施場所	1位　普段の教室（41%） 2位　スヌーズレン室（19%） 3位　自立活動室（14%）
(4) スヌーズレン室の有無	ある（14%）　ない（86%）
(5) 使用する器材・用具	1位　ミラーボール（19%） 2位　ファイバーグロウ（13%） 3位　CDの曲（13%）
(6) 指導形態	1位　集団指導（73%） 2位　個別及び集団指導（21%） 3位　個別指導（5%）

(7) 教育的効果	1位　リラックスする（30%） 2位　注視力の向上（26%） 3位　興味の拡大（25%）
(8) スヌーズレンは教育であると思うか	そう思う（96%）　　そう思わない（3%）
(9) 授業の課題	1位　スヌーズレン教育の研修機会の不足（64%） 2位　器材等購入予算の不足（21%） 3位　教室の不足（14%）

　近年スヌーズレンを導入する学校が漸増し、約75％の学校でスヌーズレンの授業を実施していて、特に、障がいの重い自立活動を主とする類型で学ぶ児童生徒ほど、スヌーズレンの授業が実践されていました。主な結果は、表1に示したとおりです。各質問項目の第1位を以下に述べます。

　主な結果は、①スヌーズレンを導入した理由は「リラックス効果」（35%）、②教育課程上の位置付けは「自立活動」（72%）、③実施場所は「普段の教室」（41%）、④スヌーズレン室が「ある」（14%）、⑤使用している器材・用具は「ミラーボール」（19%）、⑥指導形態は「集団指導」（73%）、⑦教育的効果は「リラックスする」（30%）、⑧「スヌーズレンは教育であると思うか」は「そう思う」（96%）、⑨スヌーズレンの授業の課題は「スヌーズレン教育の研修機会の不足」（64%）、でした。

　これらの結果から、専用のスヌーズレン室のある学校はまだ少なく1～2割程度（約14%）で、主には普段の教室で自立活動等の時間に、集団指導の形態でリラックスを目的に授業がされていました。また、スヌーズレンは教師から「教育活動」として理解され、リラックス効果等が確認されていましたが、今後の課題として、スヌーズレン教育の研修機会の不足等があげられました。

　スヌーズレンを活用した授業（スヌーズレン教育）は、重度児ほどより多く実施されていたことから、今日、障がいの重度化・重複化の傾向が見られる肢体不自由特別支援学校に在籍する児童生徒のニーズに適う教育方法の一つであると考えられます。特別支援学校におけるスヌーズレンの授業の実践報告や実践研究はまだ比較的少ないため、今後、実践研究等の蓄積とこの授業の効果の

検証が課題になっています。

(姉崎　弘)

参考文献
姉崎　弘（2015）肢体不自由特別支援学校における重度・重複障害児のスヌーズレンの授業に関する全国調査．日本特殊教育学会第53回大会発表論文集，pp5-14.

第4節　発達支援とスヌーズレン

1. 特別支援学級における心理的な安定を図る指導の重要性とスヌーズレンによる授業の可能性 ─ 中学校自閉症・情緒障害特別支援学級の調査結果から ─

(1) はじめに

　近年、特別支援学級の在籍児童生徒数が増加しており、とりわけ、自閉症・情緒障害特別支援学級については顕著な増加が見られます。文部科学省の教育支援資料（2006, 2016）によると、中学校の自閉症・情緒障害特別支援学級の在籍生徒数が平成17年度の7,416人から平成27年度は25,772人と約3.5倍になっており増加率が一番高くなっています。

　中学校学習指導要領解説（2007）には、障がいのある生徒を指導するにあたっては、個々の生徒の障がいの種類や程度を的確に把握する必要があるとし、個々の生徒の障がいの状態等に応じた指導内容・指導方法の工夫を検討し、適切な指導を計画的、組織的に行わなければならない、と示されています。しかし、中学校の自閉症・情緒障害特別支援学級の場合、自閉スペクトラム症の生徒を含め、不登校や選択性かん黙などさまざまな心理的な困難を抱えている生徒が在籍していると考えられ、彼らへの教育的ニーズに対応するためには、教育課程の編成を含め多様な支援方法が必要であると考えられます。

　筆者は、中学校の自閉症・情緒障害特別支援学級の実態と生徒の情緒を安定させる支援の状況を明らかにすることによりスヌーズレン教育導入を含めた、支援方法の在り方について検討を行いました。

(2) 中学校自閉症・情緒障害特別支援学級への調査

　筆者は、平成28年度に中学校693校にアンケート調査を行いました。回収数は269校で、回収率は38.8％でした。質問紙の記入者は特別支援学級担任が137人（50.9％）、特別支援教育コーディネーターが135人（50.2％）、管理職46人（17.1％）、教務主任2人（0.5％）、その他17人（1.5％）でした。回答のあった中学校の全自閉症・情緒障害特別支援学級数は227学級、在籍生

徒数は811人でした。

　知的障がいの程度の判定については、知的な遅れなしが71.3％、軽度が22.9％、中度が4.7％、重度が0.7％でした。診断名については、自閉スペクトラム症が71.8％、注意欠如／多動症が23.2％、学習障がいが10.1％であり、発達障がいの診断を受けている生徒が大半を占めていました。緘黙が4.1％、愛着障がいが2.1％でした。その他の神経症または精神疾患の状態（不安障がい、パニック障がいなど）にある生徒は4.6％いました。

　不登校等の生徒について、欠席数が30日以上の生徒が15.3％、欠席数が20日以上30日未満の生徒は3.1％、欠席数が20日未満であるが、不登校の傾向があると考えられる生徒は4.2％いました。

　アンケートでは、自閉症・情緒障害学級に在籍する知的な遅れのない、またはほとんどない生徒に対して行っている情緒の安定を図る支援としての取組について自由記述で尋ねました。「クールダウンのための部屋を設置して使用している」「クールダウンできるよう、パーテーションで区切った個別スペースを作っている」「移動式の間仕切りを教室に準備しておき、気持ちが不安定になったときは、それで席の周りを囲んでクールダウンのための空間をつくる」など「クールダウンのためのスペースなどの設置」に関する内容が44.1％あり一番多くなりました。「スクールカウンセラーによるカウンセリングを実施している」「定期的なカウンセリングを行っている」など、「カウンセリングの実施」に関する内容が15.7％ありました。「生徒の話や言い分を生徒の身になり聞くことにしている」「対人関係でトラブルがあったときには丁寧に聞き取りを行っている」など、「個別指導の実施」に関する内容が13.7％ありました。「週1回本音トークの時間を持ち自分の思いを話す機会を設けている」「自立活動でお話タイムの時間を設けている」など、「コミュニケーションの支援」に関する内容が9.8％ありました。「休憩スペースにパソコンを置いたり金魚を飼ったりして気分転換をしやすくしている」「掲示物やステイショナリーの数や配置を制限して刺激を少なくしている」など「教室環境の整備」に関する内容が8.3％ありました。その他では、「ソーシャルスキルの指導・支援」に関する内容が5.4％ありました。

(3) まとめ

　アンケートから、中学校の自閉症・情緒障害特別支援学級には、①知的な遅れのない生徒が70％以上在籍しており、②自閉スペクトラム症を主とした発達障がいが相当多く在籍し、③生徒の4人に1人以上に不登校の傾向があることがわかりました。そして、在籍者の多くを占める知的な遅れのない生徒への情緒を安定させる支援として、さまざまな学校でクールダウンのための部屋やクールダウンスペースを設置していたり、金魚を飼う、掲示物などを制限するなどの「刺激などへの環境調整」が行われていたりしました。

　また、カウンセリングの実施や担任等による個別指導の実施など、「生徒に寄り添い共感し心理的な安定を図る対応」、や「コミュニケーション支援」も実施されていました。これらの結果は、スヌーズレンの手法や形態ではありませんが、スヌーズレン成立のための基本要件にある、「一人ひとりの感覚ニーズに応じた環境の設定」「本人の自己選択の機会の確保」「指導者を入れた三項関係を基本に本人に寄り添う」「本人に共感する姿勢」に関連する内容が、中学校の教育現場で行われていることが推測され、中学校自閉症・情緒障害学級でのスヌーズレンの授業導入の可能性を示唆していると言えます。姉崎(2013)はスヌーズレン教育について、「感覚刺激を用いた多重感覚環境を教室内に設定して、その中で感覚刺激を媒介として教師と対象児、および対象児同士が相互に共感し合い、心地よさや幸福感をもたらすことで、対象児の持つ教育的ニーズ（発達課題）のある感覚面や情緒面、運動面、コミュニケーション面などにおける心身の発達を促し支援する教育活動である」と述べています。

　また、平成29年改訂の新学習指導要領には、「特別支援学校小学部・中学部学習指導要領第7章に示す自立活動を取り入れること」と明記されています。これらのことから、中学校の自閉症・情緒障害特別支援学級の教育課程の中に自立活動の時間を位置付け、個別の指導計画作成の下でスヌーズレン教育を導入することも、自立活動の目標である心身の調和的発達を培う効果的な方法の一つであると考えられます。スヌーズレンの特徴である特別にデザインされた環境の中でコントロールされた多重感覚の刺激と指導者との三項関係による寄り添いは、生徒の心理的な安定だけではなく、人間関係の形成やコミュニ

ケーションの発達にも有効であると期待できるのではないでしょうか。

　一方、スヌーズレンの実施には一定の予算及び教師の専門性が必要となると考えられます。東・姉崎（2018）は、小学校通級指導教室において、自閉スペクトラム症、社会不安障がいのある児童を対象に、二人用テントと遮光シートを活用して、比較的安価にスヌーズレンの授業を行いながら、対象児の気持ちの変容からスヌーズレンの有効性を明らかにしました。今後、自閉症・情緒障害学級でスヌーズレンの授業実践の取組みが広がるためには、このような有効性の検討を行う地道な実践研究と専門性向上のための研修の企画等の取組みが求められます。

（井上　和久）

2．複数の障がいのあるお子さんが参加した際の評価
(1) スヌーズレンプログラムと評価

　評価においては、段階別評価、観点別評価などがあげられますが、スヌーズレンのプログラムに参加する方々の特性は、まちまちであり、活動中一人ひとりが見せる様子は異なると考えられます。図1は、スヌーズレンプログラムにおける参加者と支援者間の社会的相互作用の様子を示しています。

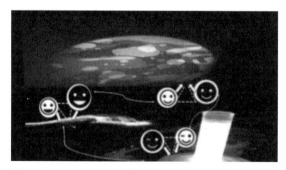

図1　スヌーズレンのプログラムにおける参加者と支援者の社会的相互作用の様子
白アイコン：子ども、黒アイコン：支援者、白矢印：共同注意、点線：三項関係　曲線：参加者間の情動共有

表1　スヌーズレンプログラム実践者よりサポーター役に配布される活動案（例）

内容	ねらい	子どもの目標 ＊アルファベットは子ども	留意点	準備物
1. はじめのあいさつ 　プログラム実践者のあいさつを聞き、サポーター役とそれぞれの子どもたちがあいさつを行う。	・「始まり」の理解を促す。	・サポーター役と目を合わせる。(A) ・右手をサポーター役の手に重ねる。(B)	・子どもたち自身がプログラムの始まりを感じ取れるようにする。	
2. スヌーズレンプログラム		・サイドグロウのファイバーを手に取ろうとする(A) ・サイドグロウのファイバーをサポーター役に手渡す(B) ・ソータープロジェクターの画像を注視する(ABC) ・バブルチューブのスイッチを押し、色を変化させる(C)	・ファイバーを踏まないように注意する。 ・光源をのぞき込まないように注意する。 ・楽しい雰囲気を出す。	・サイドグロウ ・ソーラープロジェクター ・バブルチューブ ・スイッチ
3. おわりのあいさつ 　プログラム実践者のあいさつを聞き、サポーター役とそれぞれの子どもたちがあいさつを行う。	・「終わり」の理解を促す。	・サポーター役と目を合わせる。(A) ・右手をサポーター役の手に重ねる。(B)	・子どもたち自身がプログラムの終わりを感じ取れるようにする。	

(2) プログラムでの役割分担、計画の立案

　ここでは、複数の障がい種のお子さんがスヌーズレンプログラムに参加し、プログラム全体をコーディネートする「プログラム実践者」とそれぞれのお子さんの支援を行う「サポーター役」がついているケースを想定します。

　プログラム実践者が複数のお子さんの特性に応じた目標が記入された毎回のスヌーズレンプログラムの活動案（表1）を立てます。事前にそれぞれのお子さんのサポーター役に配布します。

　それぞれのお子さんのサポーター役は、プログラム実践者が配布するスヌーズレン活動プログラム案に基づいて、プログラム実践者が立てた目標以外にも、プログラム中の子どもたちの特性に応じて、発達的視点に基づく目標設定を行い、スヌーズレンプログラム時のお子さんの様子も記入し、毎回のプログラムごとにファイルに綴じていきます。プログラム実践者は、毎回それぞれのお子さんのファイルを回収し、サポーターが立てたお子さんに応じた目標とプログラムを実践した際のお子さんの様子から、次回のお子さんの目標を更新していきます。実践者とサポーター役は、事後の振り返りの会で子どもたちの様子の意見交換も行います。

　複数の視点で子どもたちの様子を丁寧に捉えていくことで、プログラム実践者とサポーター役間で気付かなかった子どもたちのサインや社会的相互作用を捉えることができ、お子さんの発達支援につながっていくのではないかと考えられます。

（高橋　眞琴）

3. 特別支援学校における「集団によるスヌーズレンの授業」の目標設定と評価について

(1) 目標設定について

　先行研究の知見によれば、スヌーズレンの授業は、教育課程上、特別支援教育では「自立活動」「特別活動」「遊び学習」「生活単元学習」の授業に位置付けられます（姉崎, 2014）。

　本章第3節の重度・重複障がい児への全国調査の結果（p118〜120参照）

から、約7割以上の肢体不自由特別支援学校で自立活動の指導で、集団によるスヌーズレンの授業が行われていました。この主な理由として、個別指導を行う場合には、教室数の確保がより困難になること、さらに使用する器材や用具が不足すること、等があげられます。

集団によるスヌーズレンの授業を実施する場合、本書の付録にあるフェイスシート「スヌーズレン教育の個別アセスメントシート（試案）」（以下、アセスメントシート、p206-210参照）を用いて、まず個々の児童生徒の「人との関わり・視覚・聴覚・触覚・嗅覚・味覚・前庭感覚・固有受容覚」の主に感覚面に関する実態と目標をそれぞれ明らかにして、そこからスヌーズレンの授業の全体目標を明確にします。次に、スヌーズレン環境の設定と指導者の関わり方のポイントを整理します。そして各感覚面における本人の好む関わり方と刺激の提示の仕方、配慮事項（不快な刺激や関わり方を避ける等）を明記します。

このようにして、集団を構成する個々の児童生徒について作成したアセスメントシートを集めて、そこから集団に共通する目標やニーズを明らかにします。このようにして、教師集団で、集団によるスヌーズレンの授業目標を設定します。そして指導内容の選定と指導方法・指導体制の工夫について教師間で検討し共通理解を図ります。

(2) 評価について

指導の評価に関しては、毎回の授業終了後の評価が基本になります。その際、個々の児童生徒の目標について、その達成度を自由記述式に評価を残すだけでは児童生徒の成長・発達を経時的に評価することは困難になりやすいため、簡便なチェックリスト式の数量的評価（段階評価）（例えば、3・2・1などの数値）とそれを補う質的評価（自由記述）を併用することを推奨します。そして毎回の評価を元に最終的に単元や題材ごとの総括的評価を行います。

また、重度・重複障害児では、教師の観察による数量的評価だけでは評価が主観的になりやすいため、定期的に（年に数回）、授業をVTRに記録して、教師集団で放課後等にVTRを再生して、相互に数量的評価を実施して、その結果を整理してより客観的な評価を得る方法が考えられます。あるいは、他の教

師の授業を教師相互に参観し合って、お互いに気がついた点についてのコメント（評価）を用紙に記録して授業者に手渡したり、残していく方法もあります。

さらに、可能であれば、スヌーズレンの授業の前後における心拍数やSpO_2（動脈血中酸素飽和度）、心電図、筋電図、脳波等の生理学的なデータの収集と分析によるより科学的な評価方法の導入も有効です。ただし、学校教育現場では事前に本人や保護者への十分な説明を行い同意を得たり、授業に支障をきたさないようにデータの収集を実施したり、また個人情報の保護にも十分に留意する必要もあるため、このような計測は計画的に進める必要があり、研究倫理上無理に実施することは避けなければなりません。

（姉崎　弘）

参考文献

姉崎　弘（2014）スヌーズレン教育の効果と教育課程上の指導形態．肢体不自由教育，213，pp52-53．

姉崎　弘（2018）「スヌーズレンが成立するための基本要件」の改訂版について．スヌーズレン教育・福祉研究，2，pp1-3．

東　法子・姉崎　弘（2018）児童の気持ちの変容からみるスヌーズレンの授業の教育的意義．スヌーズレン教育・福祉研究，2，pp42-51．

文部科学省初等中等教育局特別支援教育課（2006）特別支援教育資料（平成17年度）．文部科学省．

文部科学省初等中等教育局特別支援教育課（2016）特別支援教育資料（平成27年度）．文部科学省．

文部科学省（2007）中学校学習指導要領解説総則編．ぎょうせい，pp75-76．

文部科学省（2017）中学校学習指導要領解説総則編．ぎょうせい，pp102-106．

第**6**章

スヌーズレンの実践事例

第1節　特別支援学校におけるスヌーズレンの実践

1. スヌーズレンを活用した「おはなし」の授業の取組み ― アラビアンナイトの世界へようこそ ―

(1) 実践の概要と目的

　わが国における教育としてのスヌーズレンの実践は、主に重度・重複障がい児を対象に行われてきました。しかし近年では、知的障がい児や自閉スペクトラム症児を対象としたスヌーズレンの授業実践も取り組まれるようになり、これらの教育実践のほとんどが教育課程の「自立活動の時間の指導」で実施されています。これは、スヌーズレンの活動が、視覚・聴覚・嗅覚・味覚・触覚等の刺激を取り入れた多重感覚環境で実施され、自立活動の内容6区分の1つ「環境の把握」に主に分類されるためです。

　また、姉崎による「スヌーズレンが成立するための基本要件」(姉崎, 2018)に含まれている「共感」や「ふれあい」は、同じく自立活動6区分の「人間関係の形成」や「コミュニケーション」の区分にあてはまります。さらに、リラクゼーションを目的とした場合は、情緒の安定に関する「心理的な安定」にも属します。これらのことから、スヌーズレンの授業の多くは「自立活動の時間」で実施されています。今回は、「自立活動の時間」以外の教科別指導・国語「おはなし」の授業の中でスヌーズレンを活用した取組みを紹介し、その成果を検討することを目的としました。

(2) 方法

ア　対象生徒の実態

　対象生徒は、特別支援学校肢体不自由教育部門中学部所属の生徒8名で、8名の教職員が指導にあたりました。生徒8名とも肢体不自由と知的障がいを併せ持ち、中には医療的ケアが必要な生徒も在籍しております。身体の動きについては、自発的な動きがあまりみられない生徒から、独歩が可能で支援者の動きを模倣することができる生徒等が所属しています。コミュニケーショ

ンに関しては、2～3名の生徒は、自分の思いや要求を言葉や指差し、ジェスチャー等で伝えることができ、また数名の生徒は表情や体の動きで快や不快を表現することができます。スヌーズレン器材・用具やスヌーズレンの授業に関する興味・関心については、ほとんどの生徒がブラックライトで照らされた教材を追視したり、触ったりして快の表情を示しています。

イ　実践期間・場所・日課

平成X年9月～10月の間で、週1回計8回で本単元の授業を実施しました。場所の設定については、

①スヌーズレン器材やブラックライトが効果的に活用されるよう暗幕や遮光カーテンが設置されている。

②医療的ケアの生徒への健康的な配慮ができる適度な暗さが確保できる。

　これらの条件を満たす多目的室を設定しました。（33㎡）

ウ　スヌーズレン実践の目標及び評価について

本授業は、教科別指導・国語としての「おはなし」の授業であり、対象生徒の実態により、

①「おはなし」の登場人物（人形）の動きを見る。

②「おはなし」の疑似体験（スヌーズレン環境）を通して、感じたことを言葉や表情、態度で表す。

③活動を通して、友達や支援者とやりとりすることができる。

以上の3点を目標としました。特に②の疑似体験においてはスヌーズレンの器材・用具を活用して、より効果的な環境を設定しました。

評価方法については、長井等が作成した「スヌーズレン成立の基本要件を基にしたスヌーズレンの授業評価基準表」（長井・藤澤・姉崎, 2018）を用いて、再評価を行いました。

エ　使用したスヌーズレン器材と空間配置図

図1に示す通り、ブラックライトシアターを正面に設置し、その前で生徒がお話しを観賞する配置としました。授業開始時にアラビア風の音楽を流し、シアターイーゼルから蛍光テープを張った蛇が登場するシーンを物語の導入としました。次に空飛ぶ絨毯に乗るアラジンとお姫様の指人形（図2）をつけた

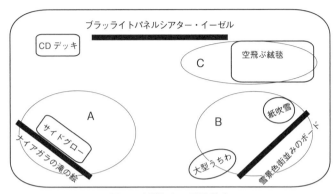

図1　授業時の環境設定

図2　アラジンとお姫様の指人形

図3　「空飛ぶ絨毯」案（マット＆ロール）
（実際には採用されなかったが、教師が創意工夫して考案した）

支援者が生徒のまわりを歩きながら、生徒の視線を引き付け、その後人形が旅をする様子を表現するために、支援者が下記A、Bの場所へゆっくりと移動し、授業を展開しました。

A　ナイアガラの滝（サイドグロー・霧吹きの水滴）
B　冬の街並み（大型うちわの風・紙吹雪の雪）
C　空飛ぶ絨毯（オーシャンスイングまたはマット＆ロール）

物語の終了後は、疑似体験として、生徒がそれぞれ気に入った上記3種のスヌーズレン環境に移動し、体験しました。

〈使用教材〉

ブラックライトパネルシアター・イーゼル、蛍光のテープを張った蛇の指人形、蛍光の衣装を着たアラジンとお姫様の指人形（図2）、ブラックライト（固定用・移動用の2種）、蛍光塗料で描いた雪景色街並みのボード、サイドグロウ、空飛ぶ絨毯（マット・ロール、オーシャンスイング）、CDデッキ、大型うちわ、紙吹雪

(3) 結果

長井ら（2018）のスヌーズレン評価基準表に照らし合わせて、授業の再評価を行いました。その結果を表1に示します。

表1　スヌーズレンを活用した「おはなし」の授業評価

スヌーズレンが成立するための基本要件	支援の内容と対象生徒の様子
環境設定 一人ひとりの感覚ニーズに応じた環境が設定されている。	・大型うちわ→生徒の感覚的ニーズに応じて風量に強弱をつけた。 ・オーシャンスイング→生徒の感覚的ニーズに応じて揺れの方向を変えたり、強弱をつけたりした。
自己選択 対象生徒が好きな活動を選んでいる。	・疑似体験の時間では、3つのスヌーズレン環境から生徒達が好みの場所を選択する機会を設けた。
対象生徒が安らいだり、楽しんだりしている。	・オーシャンスイングに乗ると、うっすらと笑みを浮かべた。 ・「ぼく、空飛ぶ絨毯に初めて乗った‼」と喜びの感想があった。
対象生徒の主体性の発揮	・オーシャンスイングを自分で揺れを作ろうとする様子が見られる。 ・蛍光テープの蛇がツボに隠れると、ツボをのぞいたり、手を入れたりする行動が見られた。 ・人形が移動しても、顔や体を動かして、後を追うように追視する生徒が多くいた。

対象生徒に寄り添って触れ合い共感する姿勢	・複数の生徒がオーシャンスイングに乗り、ときどき体を触れ合いながら笑顔を示す場面が見られた。 ・支援者は対象生徒に対して共感することばかけ「きれいだね」「気持ちいいね」等の言葉かけをした。
対象生徒が集中しやすい静かな環境の設定	・暗幕、遮光カーテンのある教室の設定 ・少人数の設定（最大8人） ・支援者は統一してできるだけ黒い服を着る ・不必要な声かけはせず、優しいタッピングやハンドリングで触れ合いや共感を示した。 ・言葉かけは、担当の生徒だけが聞こえる程度の小さな声にした。

(4) 考察

　本項では、教育課程において教科別国語における「おはなし」の中でスヌーズレンを活用した授業を実施しました。おはなしの授業にスヌーズレン教材を使用することで、生徒達は、五感を通して、見て、聞いて、感じることにより、主体性をよりいっそう発揮することができました。本来、スヌーズレンの授業は、自立活動の指導の時間で単独で実施することが多く、特別支援学校の教科においては、本授業のように自立活動の要素を含めた授業として展開することも多くみられます。今後は、小中学校等の特別支援学級の教科の授業の中でも創意工夫しながらスヌーズレンを活用すれば、より充実した授業を展開できると思われます。

(中塚　志麻)

2.「自然とゆらぎ」の要素のある環境設定と「触れる」温もりを重視した教育の実践

(1) 実践の概要

　本授業実践は肢体不自由と知的障がいを併せ持つ、軽度から重度・重複障がいの全児童生徒を対象に、スヌーズレンを活用した自立活動の授業実践です。豊見本（2018）の常設の手作り環境は、「自然」と「ゆらぎ」をテーマに設定された和空間で、低刺激の「やさしい環境」です。覚醒か鎮静か、目的に応じ

て二つの部屋の利用を選択できます。指導のアプローチは「触れるケア（山本, 2014）と、共感的言葉かけをベースに、刺激の重なりを楽しみながら、心理的な安定とコミュニケーションの向上を目的としています。指導の結果、対象者の心理的な安定とコミュニケーション能力の向上に関して、肯定的な評価が多く見られました。肯定的な評価が得られなかった対象者については、今後課題を整理し対応を検討していきます。

(2) 目的

　本校では、"スヌーズレン"という言葉を知らない教師も多く、姉崎（2013）の定義した「スヌーズレン教育」について知っている者は皆無でした。教育現場は、最低限の人的・物的・時間的な制限が課題となっていることを理解した上で、柔軟に授業実践に取り組む必要があります。学校教育でスヌーズレンを活用した授業に取り組む際には、「スヌーズレンの基本理念」と「スヌーズレンの基本要件」を踏まえて、授業実践を行うことが重要です。授業の始めは、優しく声をかけて、様子を見ながら軽く触れて安心させます。授業中は、緊張もなく楽しい時間を共に過ごし、相互間作用のある共感的な三項関係を築くようにします。以上を踏まえて、対象者の「リラクゼーション」を第一条件とした、①環境の設定と、②共感的アプローチを通した三項関係より、自立活動の内容に沿った心理的な安定と、コミュニケーション能力の向上を目的としました。

(3) 方法

　ア　対象児及び授業者と評価者

　評価対象者は肢体不自由特別支援学校小学部25名、中学部16名、高等部8名を含めた全児童生徒49名です。授業実践指導者45名は、授業実践及び授業評価を行います。評価者はすべて授業担当者とし、研究者による授業評価は含まれません。また公開授業を行うため、モデル学級を設置しました。

イ 実践期間・場所・時間・日課

　2017年9月〜11月までの期間、全校児童生徒49名を対象に、小・中・高の各学部の自立活動の時間を利用して、個別または学級・学年単位で実施しました。本実践報告対象（モデル学級）の小学部E組は、毎週水曜日の「自立活動」6時間目（13：50〜14：35）に利用し、合計7回行いました。1回の授業実施時間は45分で、授業の中間に「個別の学習」約25分を設定しました。

ウ　スヌーズレン実践の目標と評価について

　指導目標は、事前に日々の健康状態や行動観察、苦手な刺激等を含めた実態把握を十分に行いました。授業目標は、個別のニーズに応じて自立活動の内容に沿って立てました。また各対象者の目標を学級担任間で確認を行い、授業計画を立てました。対象者の目標は、リラックスを前提にした、心理的な安定とコミュニケーション能力の拡大としました。授業評価は、藤澤・姉崎（2016）の評価表を参考に、本校の児童の実態に合わせて4区分10項目のエピソード記述式評価（以下、記述式評価）を作成し、使用しました。授業後、記録と評価を取り、指導者同士でビデオを振り返りながら、検討会を行いました。最後に授業研究実施中の全児童生徒の記述評価は、すべてを集約して検証を行いました。

評価区分の内容

エピソード記述式（4区分）評価の内容
①環境・刺激　〔好き・苦手〕　　　について
②様子・変容　〔前・中・後〕　　　〃
③活動・行動　〔探索等・各機能〕　〃
④共感関係　　〔教師・仲間・その他〕〃

エ　指導の重点と授業プログラム

　教師はスヌーズレン教育を実践するにあたり、対象者を主体とした環境の設定と、教師の"共感する姿勢"を基本姿勢として、非指導的なアプローチに配慮します。干渉し過ぎない程度に寄り添い、"優しい触覚刺激"で対象者に合わせて手を添えて"撫で"ながら、言葉をかけていきます。皮膚と皮膚の「触

覚的な温もり」と、包み込むように話しかける「心理的な温もり」を感じさせながら安心感を共有します。リラックス効果を高めるため、感覚刺激を意識して組み合わせます（刺激モダリティ）。授業構成は、通常の3段階構成とします。

① 【授業開始】…緊張感や期待感が高揚しすぎないように配慮します。ミュージックケアの「ジャンジャン」等の、触の刺激を中心とした触れ合いをきっかけに、心理的・生理的な弛緩を誘導していきます。

② 【個別の時間】…約25〜30分を目安に、担当教師とコミュニケーションを楽しむ時間を十分に取ります。

③ 【終業前】…一定の場所に集まって集団活動を行います。他人への気付きの環境を楽しみ、授業のまとめの場につなぎます。段階的に心地よい覚醒に導きながら、終業します。授業展開は、時間をかけて緊張を解きながら自己弛緩へと誘導し、ぬくもりと心地よさを感じやすくします。教師は、呼びかけや共感的な言葉かけを中心とした"聴覚"刺激と、肌への"触覚"刺激を通した「触れ合い」のある、やりとり

1. 集団活動（10分）
①オープニング曲「ホホホ」
・始めの挨拶 → 授業への期待
②触れ合い曲
「ジャンジャン」（図1）

図1　指先から低触圧のタッチング

2. 個別の時間（25分）
①各感覚刺激（図2）
・個別のニーズに応じて場所を選び、教師との触れ合いの中で、安心して好きな刺激をじっくり楽しむ。

図2　好きな場所で教師と楽しむ

を行うようにします。そして対象者に"選択肢"のある感覚刺激を提供し"気づき"の場面を作り出す等、柔軟に寄り添いながら主体的な教育活動の場になるように配慮します。

オ　環境設定と感覚刺激

環境設定の各感覚刺激は、「リラックス効果」を期待した「自然」と「ゆらぎ」の要素で構成しました。

【メイン環境】＝①触覚：手の甲・畳／②聴覚：自然音（例：せせらぎ）・南部風鈴／③視覚：〈ホワイトルーム〉炎のゆらぎLED照明、茶色・緑。〈ブラックルーム〉超低照度・ブラックライト・青色LEDは近づけすぎないように距離を離して刺激量を調整して使用。／④嗅覚：ラベンダー・イ草。教師はこれらの刺激に「ゆらぎ」を加えて、刺激をインプットしやすい環境を設定します。

3. 集団活動（10分）
③パラ・バルーン（図3）
・海中バブル音、風圧、布感触、友達との接触や声の刺激。（ブラックライト）
②まとめ・感想・終礼

図3　集団による多重感覚刺激

授業の事前準備においては低刺激の「メイン環境」と、多様な個別のニーズ（強刺激等）に、選択の余地を持たせた「サブ環境」の充実に配慮します。個別の学習に移る際、声をかけて段階的に照明を落として、授業終了前にも同様に段階的に明るくするなど、急な刺激の変化を与えないように留意します。

カ　リラックス環境の空間図（図4）

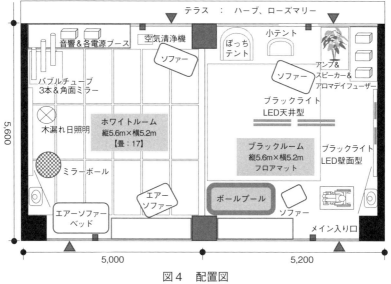

図4　配置図

(4) 結果および考察

　各担任の記述式評価の結果より、環境を媒介とした「触れ合い」では、肯定的な場面評価が多く、双方向性の意思疎通が形成されていたと考えられます。視覚機能の障がいが認められる対象者に対しては、日常の学校生活と異なり、教師がじっくりとかかわることで、新しい発見や肯定的な評価が多く見られました。これは、教師の観察眼が働いたことも要因の一つと考えられます。肯定的効果の得られなかった対象者については、教師との信頼関係を高めながら、継続した利用を通して、課題と対応を検討する必要があると考えられます。

(5) 今後の展望

　スヌーズレンの利用中の心理的な安定と、コミュニケーション能力の向上について肯定的評価が多く見られました。利用前と利用後の変容や、行動・情動的側面を生理的な指標も加えて考察することで、他の場所でも学習の幅を広げていけると期待できると思います。

表1 記述式評価結果：22／45名の教師から質問紙を回収

領域	内容
1 環境・刺激	・室内に入ると、部屋の選択から始まるが、先にホワイトルームから利用する児童生徒が多かった。抱き抱えて、顔の近くで光を揺らし、手をさすると心地よい声を出した。 ・バブルチューブの刺激を全身で楽しみ、満足して落ち着くと、ブラックルームに移動して他の感覚刺激に興味を示した。すぐに戻ってくるが、落ち着くと、また他の場所を見に行こうとする。探索行動が増えてきた。 ・畳が大好きで、顔や全身で畳の感触や匂いを嗅ぎ、ガサガサと爪を立てて楽しんでいた。
2 様子・変容	〈始業前〉「今日はスヌーズレンの授業だよ」と言うと、ニコッと笑顔を見せて授業を期待する様子が見られた。授業を行う前に寝ていても、教室に入るといつも覚醒している。 〈授業中〉行動が静かになって、追視をし、手を伸ばして触ろうとする。教師との触れ合いのあるかかわりを楽しんで、心地よい表情を浮かべている。呼吸がゆっくりと深くなっていると思う。 〈終了後〉授業後しばらく深い呼吸で、緊張も緩み「快」の表情が長く見られた。普段緊張が多いが、あくびが多く緊張が緩んでいた。
3 活動・行動	・光を中心とした視覚刺激に対して、手を伸ばして触ろうとして、目や顔を向けようとした。バブルチューブのモーターの音を聴いていた。 ・教師の腕や体を探して、ずっと触ろうとする行動が見られたり、畳を指でかいたり、ボールプール設置の振動機を探そうとしていた。 ・目は見えないが触れた場所や呼びかけに、顔を向けようとする行動が多く見られた。普段の呼びかけよりも、反応が良く感じた。 ・全盲だが、入室すると落ち着いた状態で覚醒が続くので、全身で何か変化を感じていると思う。表情の変化が多いことに気づいた。
4 共感関係	・全体的にリラクゼーションと情動の安定、主体的な動きと感情表出を多く確認できた。 ・相手の心をくみ取った言葉かけで、同じ気持ちになるような心地よい気持ちになれていることに、ふと気づいた。 ・座って抱きかかえて、手の甲や肩を意識してさする時、同じ気持ちを感じようとして接した。 ・お互いの信頼関係が築けていると思う。他の授業でも、一緒にいる時は落ち着いている。 ・何をもって共感関係なのかが"難しい。これが共感か分からない。

※実践研究期間中の記述評価は、本書では割愛しました。

図5　ランドマーク・エリア
本教室の目印・象徴となるように、モニュメント的に設置します。この一角は、対象者にとっての安全基地的な場所で起点となり、位置関係や環境を把握しやすくなります。中古鏡を配置・固定することで、光を分散させ、バブルチューブの本数を多く見せます。120 cm×3本を、ワイヤーとタイヤチューブで転倒防止を施します。

(豊見本　公彦)

3. 知的障がい児の主体性を高める自作スヌーズレンルームを活用した授業実践

(1) 実践の概要

　わが国の学校教育においては、「主体的・対話的で深い学び」に重点がおかれています。コミュニケーションをとることが難しい知的障がいの子どもたちにとって、主体的・対話的な学びの実現は重要な課題の1つです（文部科学省，2017）。スヌーズレン教育では、対象者と指導者間での言語に限らない対話を通して、対象者の集中力や主体性及びコミュニケーション能力を高める効果があります（姉崎，2015）。本稿では、知的障がい児の主体性を高めることを目的として、普通教室を活用した「自作スヌーズレンルーム」でスヌーズレ

ンの授業を実践しました。「スヌーズレンが成立するための基本要件の改訂版」（姉崎，2018）を基に作成したスヌーズレンの授業評価基準表を用いて、この授業実践がスヌーズレンとして成立しているかを検証しました。対象者の行動や指導者の関わり等の授業記録から、学校の限られた学習空間や器材を工夫することで、スヌーズレンの実践が可能であることが示唆されました。

(2) 目的

ここでは、知的障がい児の主体性を高めることを目的とした「自作スヌーズレンルーム」を活用したスヌーズレンの授業を実践しました。「スヌーズレンが成立するための基本要件の改訂版」（姉崎，2018）を基にスヌーズレンの授業評価基準表を作成して授業実践の記録をとりました。対象者の行動や指導者への関わり等の授業記録から、知的障がい児の主体性が高まったかを検証します。一方、特別支援学校では児童生徒数の増加に伴い、空き教室を確保するのが難しいという現状があります。そこで、普段、対象者が学習教室として使用している普通教室を「自作スヌーズレンルーム」として活用し、その有用性について検証します。

(3) 方法

　ア　対象者の実態

対象者は支援学校（知的障がい・肢体不自由併設）知的障がい教育部門の小学部3年生男児、障がい名は知的障がいです。小学部1・2年生ではマカトンサイン、3年生になってからはPECS（絵カード交換式コミュニケーションシステム）を学習しています。普段の授業では、指導者からの問いかけには発声や頷き、首を横に振るなどして答えられます。絵カード等で視覚的に2つの選択肢が示されると、一方の絵カードに触れて選択することもできます。しかし、指導者に対して自らの思いや要求を伝えることはまだ難しいです。興味をもつ遊びは少なく、休憩時間には同じ学級の特定の友達と一緒にいることが多いです。一方、家庭では自らタブレットPCを操作して好きな動画を見ていることが多いそうです。

イ 指導者（授業者）

指導者（筆者）は、支援学校（知的障がい・肢体不自由併設）で知的障がい教育部門の小学部3年生を担任しています。対象者を含む児童5名、教諭2名、講師1名の複数担任制の学級です。

ウ 実践期間・場所・時間・日課

201X年12月～201Y年3月に、支援学校小学部知的障がい教育部門の6時限目に実施しました。授業は計11回実践し、1回の授業時間は準備と片付けも含めて約30分です。

エ スヌーズレン実践の目標及び評価

スヌーズレンの授業は、対象者の集中力や主体性及びコミュニケーション能力を高める効果があります。対象者の実態より、以下の点をスヌーズレンの授業の到達目標とします。

・自ら好きな活動や教材・教具を選択することができる。
・自ら「自作スヌーズレンルーム」の準備・片付けに参加できる。
・実態に応じた方法（サインや発声・表情・身振り等）で自分の気持ちを表現できる。
・指導者や友達とやりとりをすることができる。

姉崎（2018）はスヌーズレンが成立するための基本要件を5点定めています。表1に示す「スヌーズレンが成立するための基本要件の改訂版」に基づいて、表2に示すスヌーズレンの授業評価基準表を作成しました。これに基づいて、毎授業終了後に授業者が記録をとり、「自作スヌーズレンルーム」がスヌーズレンとして成立しているかを評価しました。

オ 使用したスヌーズレン器材と空間図

「自作スヌーズレンルーム」の配置図を図1に示します。図1に示すように、窓のあるテラス側と廊下側の暗幕カーテンを閉め、教室内を薄暗くしました。児童の机と椅子をロッカー側に寄せて、教室中央に柔らかい低反発のセラピーマットを敷きました。セラピーマットの上には視覚的な刺激を与えるため、ライトの色を赤・緑・青に変えることができる「ファイバーライト（図2）」や、天井に波の模様を映し出す「波プロジェクター」を設置しました。他にも、触

表1　スヌーズレンが成立するための基本要件の改訂版（姉崎，2018）

①対象者の感覚的ニーズに応じた心地よい環境の設定（心がやすらぐ時間と空間）
②対象者の自己選択の機会（本人の好む楽しい活動の保障）
③対象者の主体性の発揮（自ら周りの人や環境に働きかける）
④対象者に寄り添って触れ合い共感する姿勢（本人の気持ちを共有する）
⑤対象者が集中しやすい静かな環境の設定（周りの刺激や環境に集中できる配慮）

表2　スヌーズレン成立の基本要件に基づいたスヌーズレンの授業評価基準表

基本要件	評価基準
①心地よい環境	・対象者の感覚的ニーズに応じた環境が設定されている。
	・心地よい器材や用具が用意されている。
	・対象者が安らいだり、楽しんだりしている（表情の変化や発声、体の動きがある）。
②自己選択	・対象者が好きな遊びや活動を選択している。
	・対象者が好きな器材や用具を選択している。
③主体性の発揮	・対象者が自らスヌーズレンを行うと決めたり、準備や片付けをしたりしている。
	・対象者が自らの考えや思いを周囲の人に伝えようとしている。
	・対象者が自ら器材や用具を調整する等、環境に働きかけている。
④触れ合いと共感	・対象者と環境と指導者の間に三項関係（三者間の相互作用）がある。
	・対象者と指導者や友達との間に、気持ちの共有や仲間意識がある。
	・対象者と指導者や友達が気持ちを共有するための触れ合いがある。
⑤静かな環境	・個別または少人数で行われている。
	・指導者は不要な言葉かけや物音を減らしている。

第 6 章 スヌーズレンの実践事例　145

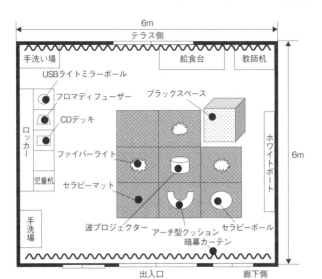

図 1　自作スヌーズレンルームの配置図

図 2　ファイバーライト

図 3　ブラックスペース

覚的・運動感覚的な刺激を与えるため、椅子の代わりにもなる大型の「セラピーボール」と「アーチ型クッション」を置きました。「ブラックスペース（図3）」の中では、「ポータブルブラックライト」とブラックライトで照らすと光るおもちゃを使用して遊ぶことができるようにしました。

　ブラックスペースは1辺が90センチメートルの立方体で、内壁に暗闇で光る星型のシールを貼りました。黒色のポリプロピレンシート（軽くて耐水性・耐久性の高いシート）を養生テープ（ガムテープに比べて粘着力が弱く、手で

簡単に切れるポリエチレンクロステープ）で固定しているだけなので、使用しない時は折り畳んで収納しておくことができます。授業中は聴覚的な刺激を与えるため、ゆったりできるような音楽（Pathway to Communication Vol.1 ～ for Therapists & Clients ～）を流しました。さらに、視覚的・嗅覚的刺激を与えるため、ライト付きのアロマディフューザー（ラベンダー等の落ち着ける香り）を設置しました。

　授業実践においては、毎時間すべての器材を用意するのではなく、対象者の様子を見ながら設置する器材を変えたり、本人に器材等を選択させたりすることを心がけました。また、カーテンを閉める際には、周りの様子が確認できないほど真っ暗にするのではなく、対象児の表情や活動の様子が確認できる程度の暗さに調整しました。

　ファイバーライトと暗闇で光るシール・光るおもちゃは100円ショップ、ブラックスペースに用いたポリプロピレンシート（1枚1,000円程度）はホームセンターで購入しました。その他、波プロジェクターやアロマディフューザーなどの器材（1,000～2,000円程度）はインターネットで購入しました。

（4）結果

　対象者の特徴的な行動や指導者の関わり等の授業記録を表3に示します。

（5）考察

　本稿では、あらかじめ器材等がすべて設置されたスヌーズレン専用ルームではなく、普通教室を「自作スヌーズレンルーム」として活用する授業を実践しました。授業では、「スヌーズレンが成立するための基本要件」の改訂版（姉崎，2018）を基に作成したスヌーズレンの授業評価基準表を用いて、対象者の特徴的な行動及び指導者の関わり等についての記録をとりました。これらの記録から、授業実践がスヌーズレンとして成立していることが分かりました。授業を通して、対象者はスヌーズレンルームが好きになり、より自分好みの心地よい空間を作ろうとしました。自ら使う器材や用具を選んだり、設置場所やライトの色を調整したりしました。スヌーズレンの授業が待ち遠しい気持ち・

表3　対象者の特徴的な行動及び指導者の関わり等

基本要件	対象者の特徴的な行動及び指導者の関わり等
①心地よい環境	・ライトの光を見てとても喜び、手を盛んに動かしたりジャンプしたりした。
②自己選択	・遊びたいおもちゃをブラックスペース内に持ち込んだ。
	・気に入った器材・用具を自分の近くに移動させた。
③主体性の発揮	・「スヌーズレンをやりたい」という気持ちを、サインで指導者に伝えた。
	・自ら電気を消した・点けた。カーテンを閉めた・開けた。
	・ブラックスペースを設置して欲しいことを、指差しと発声で指導者に伝えた。
	・ファイバーライトや波プロジェクターのライトの色を変えた。
④触れ合いと共感	・少し疲れた表情だったので指導者が寝転ぶように促すと、アーチ型クッションの上で眠る真似をして見せた。
	・「きれいだね」「まぶしいね」等、指導者は対象者の気持ちを代弁した。
	・友達の隣に寝転び、天井に映る光を眺めた。
	・光るおもちゃを見て対象児が消し、友達が点けるやりとりを繰り返した。
⑤静かな環境	・毎時間、指導者と対象者を含む児童1～2名で実施した。

楽しかった気持ちを指導者に伝えられるようになり、準備や片付けも積極的に参加するようになりました。指導者とのやりとりが深まることで、友達との関わりも生まれました。これらの結果から、普通教室を「自作スヌーズレンルーム」として活用することが、対象者の主体性向上に有用であることが分かりました。

(6) 今後の課題

　スヌーズレンルームに設置する器材は、一般的に輸入品で高価な物が多く、学校の限られた予算内で購入することは困難です。そこで、比較的安価で手に入る代替えの器材を用いて、スヌーズレンの授業を実践しました。しかし、安

価とはいえ、数千円を超える器材もあるため、今後はさらに安く手に入る器材の検討や、オリジナル器材の開発等に取り組む必要があります。

　一方、授業展開においては、複数の教員が授業に携わり多面的な記録をとるなど、より客観的に対象者を評価する必要があります。今後は、授業をビデオカメラで撮影し、それを基に対象者の表情や行動を細かく分析します。対象者に合った自作スヌーズレンルーム環境や指導者の関わり方を検討し、対象者の集中力や主体性及びコミュニケーション能力の向上に活用していきたいです。

　本稿は、長井恵李・藤澤　憲・姉崎　弘（2018）の実践報告を長井が代表して再構成したものです。

（長井　恵李）

4. ストーリー性をもった授業展開「うみの中のくだものの木の実践」

　「うみの中のくだものの木」は、肢体不自由特別支援学校で実践を行ったプログラムです。この実践では、スヌーズレン器材も取り入れながら、五感を活用し、ストーリー性を重視した内容を心がけました。プログラムのポイントは以下（1）〜（5）の通りです。

（1）五感を生かす
- プログラムの導入時には、子どもたちのサポーター役と子どもたちの相互交渉である「キュッキュッ体操」を組み入れ、子どもたちがサポーター役から手を足の触圧を受けた感情を発声やことばで表現することを促しました。
- スヌーズレン器材（バブルチューブ・サイドグロウ）や海の中の映像を用い、視覚や光や振動などの感覚を受けた感情を発声・ことば・動作で表現することを促しました。
- 海の岩に見立てた100個近い手作りのクッションを使用し、触覚も体験できるようにしました。友だちと一緒にクッションの中に入ってみた子どもたち自身の感情を発声やことばで表現するよう促しました。

・自然の柑橘類の実物（金柑・蜜柑・柚子）などの疑似収穫体験を活動に組み込み、視覚・触覚・嗅覚を通じて子どもたちがそれらに対する感情を発声やことばで表現するよう促しました。
・事物の姿や形、様子を感覚的に表す擬態語を活動に取り入れ、子どもたちの音声言語の基盤を育み、音声への興味・関心を促しました。

(2) ストーリー性
・「パペットのついたロープを子どもたち同士で協力して引っぱると、『キュッキュッ体操』が始まる」「機関車に見立てた台車に本時の教材が積まれていて、機関車（台車）がやってくると活動が始まる」「スイッチを押すと大きな波が子どもたちにかぶさり、気がつくと海中の世界にいた」といった因果関係を理解する体験をプログラム内に組み入れるようにし、子どもたちがわくわくするような活動への期待感を持てるように心がけました。
・「海中にみんなで探検に行き、泡を触ったり、岩の中を探索したり、クラゲにみんなで乗ったりすると大きな絵本の中からキャラクターが現れる。そのあと海中で果物の木を発見し、みんなで収穫体験を行い、柑橘類の香りを味わう」といった子どもたち自身が主人公となるような体験活動を心がけました。

(3) 共に楽しむ
・スヌーズレン器材を用いることで、光と振動の体験を子どもたちとサポーター役が楽しみ、「不思議」「キラキラしている」など相互の情動を共有できるような活動内容としました。
・柑橘類の実物（金柑・蜜柑・柚子）などの疑似収穫体験を活動に組み込み、子どもたちそれぞれに関わるサポーター役も季節を体験できるようにし、柑橘類を触れ、さわやかな香りを楽しむ体験など子どもたちと共に行い、冬という季節に触れたサポーター役の感情が子どもたちに伝わるような場面設定を行いました。

・子どもたちに人気のあった曲を用い、「ぺたぺた」「ぴょんぴょん」という子どもたちが意味を認識しやすい擬態語をフレーズの合間に組み込みました。歌に合わせて子どもたちとサポーター役がそれぞれ手や足を用いた身体遊びや歌遊びを行い「共に楽しむ」という場面設定を行いました。

(4) 子どもたちの様子

　海の泡に見立てたバブルチューブには、4つのスイッチがついており、スイッチに手を伸ばし泡の色を変えてみようとするお子さんや、バブルチューブの湧き上がる泡の振動を身体全体で感じて楽しむお子さんがいました。クラゲの足に見立てた光ファイバーの束であるサイドグロウに対して子どもたちが手を伸ばし光の変化を楽しんだり、身体に巻きつけてみたりと自由な形で楽しんでいました。海の中の映像の変化を注視していました。また海の岩に見立てた100個近い手作りのクッションの中にサポーター役や友だちと一緒にクッションの中に入り、クッションの感覚を共にリラックスしながら味わっていました。

(5) 実践を振り返って

　肢体不自由のある子どもたちや、重度・重複障がいのある子どもたちは、身体・運動・感覚・コミュニケーション面などの複数の障がいがあり、てんかん発作や医療的ケアを要する場合もあり、お子さんの発達の状況に応じたスモール・ステップの個別指導や身体機能の改善に係る指導が行われることが多いです。このようにストーリー性を意識したスヌーズレンプログラムによって、「参加してみたい」「周囲の友達のようにやってみたい」「楽しそう」という思いをそれぞれのお子さんがもつことで、自発的な動きにつながっていくと考えます。

　本稿は、高橋眞琴（2010）の実践報告を再構成したものです。

（高橋　眞琴）

引用・参考文献

姉崎 弘（2013）わが国におけるスヌーズレン教育の導入の意義と展開．特殊教育学研究，51(4)，pp369-379．

姉崎 弘（2018）「スヌーズレンが成立するための基本要件」の改訂版について．スヌーズレン教育・福祉研究，2，pp1-3．

藤澤 憲・姉崎 弘（2016）重度・重複障がい児へのスヌーズレンの授業の工夫．スヌーズレン研究，3，pp12-22．

藤澤 憲，池田枝里子，姉崎 弘（2017）自閉的傾向のある情緒不安定な知的障がい児へのスヌーズレンの教育実践．スヌーズレン教育・福祉研究，1，pp56-66．

東 法子・姉崎 弘（2018）児童の気持ちの変容からみるスヌーズレンの授業の教育的意義．スヌーズレン教育・福祉研究，2，pp42-51．

Mertens, K. (2003) Snoezelen Eine Einführung in die Praxis. Modernes Lernen Verlag, Dortmund, Germany. 姉崎 弘 監訳（2015）スヌーズレンの基礎理論と実際 — 心を癒す多重感覚環境の世界 —（第2版復刻版）．学術研究出版／ブックウェイ，pp30-32．

長井恵李・藤澤 憲・姉崎 弘（2018）簡易式スヌーズレンルームを活用した知的障がい児のスヌーズレンの授業実践．スヌーズレン教育・福祉研究，2，pp62-70．

高橋眞琴（2010）「重度・重複障がいのある子どもたちが周囲の友人と豊かなつながりや集団を形成する指導に関する研究」．宝塚市教育総合センター研究紀要，82，pp45-54．

高橋眞琴（2016）重度・重複障がいのある子どもたちとの人間関係の形成．ジアース教育新社，pp121-135．

豊見本公彦（2018）「やさしい環境」と「触れ合い」を重視したスヌーズレン教育の実践．スヌーズレン教育・福祉研究，2，pp87-91．

山本裕子（2014）触れるケアの効果．千里金蘭大学紀要，11，pp77-85．

第2節　通常学校におけるスヌーズレンの実践

1. 小学校・特別支援学級での自閉スペクトラム症児へのスヌーズレンの授業実践

（1）対象児の指導開始時の実態

> ○ 小学校　自閉症・情緒障害特別支援学級在籍の高学年男子。
> ○ 障がい名：ASD（自閉スペクトラム症）と知的障がい（中度）を併せ持つ。
> ○ 服薬有り（注意力を高める、気持ちを落ち着かせる）
> ○ 衝動性や多動性が多く、ADHD（注意欠如／多動症）の傾向も併せ持つ。
> ○ 興味あるものをすぐに触り出す。特にパソコン等のスイッチが大好き。
> ○ 濡れた手ぬぐいで手を拭くのを嫌がる。
> ○ 人との会話が成立しにくく、相手の目を見ることができない。
> ○ 自分の世界に入り、時々一人でつぶやいている。
> ○ 好きな電車や昆虫の絵本をじっと見ている。
> ○ 学習面では、机に向かえない時が多い。
> ○ 自身のこだわりやルールがあり、それからはずれるとパニックになる。

（2）スヌーズレンの授業方針

①毎回、スヌーズレンの約束事を決め、この約束を守ることを誓います。

②1回の時間は20分間。「これが終わったら、勉強を頑張ります」と約束します。

③大好きな感覚刺激環境での活動を通して、満足感と心理的な安定を導きます。

④ここで自由に活動させ、本児の活動を肯定する声かけを行い、担任と信頼関係を深めます。

⑤教師や他の児童との対人関係やコミュニケーションの改善を図ります。

⑥本児がこの環境を心から楽しめるように、できるだけ「注意する言葉かけ」はしないようにします。

⑦本児がスヌーズレンに集中しやすいように、周りの環境に十分配慮します。

(3) 本児の指導目標
　①約束を守れるようになる。
　②満足感を感じて心理的に安定する。
　③対人関係やコミュニケーションスキルが向上する。

図1　特別支援学級の教室

図2　教室奥にあるスヌーズレン・スペース

(4) スヌーズレンの授業設定
　①4月は、週2回実施しました。最初は3時限目に、1回約20分間実施したところ、本児がスヌーズレンの授業後、およそ2時間くらい落ち着いて他の学習活動に取り組めていることがわかりました。
　②そこで、5月から、1時限目の朝の会の後の、後半の20分間にスヌーズレンの授業を位置付け、毎日の帯時間の授業（自立活動の指導）として実施しました。その結果、スヌーズレンの授業後は、2時間くらい教科の学習に比較的落ち着いて取り組めるようになりました。
　③本児は、当初から毎日スヌーズレンの授業を楽しみに登校しました。学校や家庭で、「明日スヌーズレンある？」と、何度も教師や母親に尋ねてくるほどでした。

(5) スヌーズレンルームの環境設定
　特別支援学級の教室内の奥の3分の1くらいのスペースに、スヌーズレンルームを設置しました（図2）。窓側と廊下側の窓は、遮光カーテンを引き、

また教科学習を行うスペースとスヌーズレンルームの間は、アコーディオン・カーテンで仕切りました。この学級には、本児以外にも友だちが数名いて、スヌーズレンの授業時は、その友だちと2～3名で一緒に楽しみました。

図3　スヌーズレン環境

図4　スヌーズレンを楽しむ本児

(6) スヌーズレンの授業の器材・用具

以下のような、器材や用具で、簡易なホワイトルームを作りました。
〈視覚刺激〉バブルチューブ、ソーラープロジェクター「花火とロケット」、サイドグロウ（光ファイバー）、〈聴覚刺激〉オルゴール曲（ジブリ）、〈嗅覚刺激〉スイートオレンジのアロマ、〈その他〉CDラジカセ、ビーズクッション2つ、ボールプール、セラピーマット6枚。

(7) スヌーズレンの授業の様子

本児の大好きな感覚刺激（プロジェクターの映像「月とロケット」）と出会い、高い集中力を発揮して、存分にこの空間を楽しみ、側にいる友だちの様子も見て楽しんでいました。楽しさと嬉しさと満足感。側にいる教師からの肯定的な励ましの声かけで心理的に安定し、自信を取り戻していきました。

(8) スヌーズレン終了後の教科学習での本児の様子

特別支援学級での学習態度と集中力が向上しました。机上での国語の学習に集中できるようになり、嫌いな漢字の書き取り学習にも自ら進んで取り組める

表1　対象児の表情・行動面から見た変容

項目	4月の様子	9月の様子
視線	相手の顔を見ようとしない。何度か話しかけると、一瞬目を合わす。	自分から話をする時に、自分から相手の顔を見られるようになった。
笑顔	笑顔はほとんど見られない。	表情が明るくなり、教師からの働きかけに、声を出して笑う姿が多くなった。
休み時間の遊び	一人で運動場の木の下の松葉拾いや、好きな電車の本を見ていることが多い。	友だちが遊んでいるものに時々興味を持ち、近づいて見ていた。
スヌーズレンの授業中の様子	プロジェクターの映像をとても興味を持って注視していた。環境を楽しんでいた。	リラックスしていた。自分から教師に話しかける場面が多くなった。

ようになりました。苦手な教科学習において、教師に誉められることが多くなりました。またコミュニケーション面でも、人の顔を見て話ができるようになってきました。これは、スヌーズレンの授業等の中で、プロジェクターの器材を操作したい時は勝手に触らないで、必ず側にいる教師の顔を見て「触ってもいいですか？」と話すように何度も指導したことで、教師と約束ができるようになっていきました。教師相互に連携した一貫性のある指導が効果的であったと思われます。

　また毎回、自分の要望を言葉で人に伝えられるようになると、イライラした時の原因を本児から聞き出すことができたり、本児のイライラ感を未然に予防することにつなげられました。

(9) 指導のまとめ

　スヌーズレンの授業を通じて、自分の大好きな学習活動と出会ったことで、満足感と気持ちの落ち着きを得て、教師との約束を守り、人の顔を見て意思表示ができるようになりました。そして教師から誉められたことで「自分でもできる！」と自信がつき、次の教科学習にも取り組みやすくなりました。また、

昨年度まで友だちと関わることがほとんどできませんでしたが、年度の後半には、みんなの中に入って、一緒に「大なわ跳び」ができるまでになりました。

1年間の指導を通して、スヌーズレン教育は、本児の感覚面や心理面の満足感から、学習態度の向上や学習への集中力を高め、社会性、対人関係、言語面の発達を大きく促す可能性があることが示唆されます。

本稿は、大仲麻喜・大﨑淳子・姉崎 弘（2013）の実践報告を元担任の大﨑と姉崎が代表して再構成したものです。

（大﨑淳子・姉崎　弘）

2. 小学校・通級指導教室でのスヌーズレンの授業実践
（1）概要
201X年1月より公立小学校の通常学級在籍の児童に対して通級による指導の一部に心理的な安定と人間関係の形成を中心に自立活動の指導としてスヌーズレンを取り入れた授業を行っています。

（2）対象児童
地域の市立小学校の通常学級に在籍する児童の内、発達障がい等のため、通級による指導を受けている児童を対象に、保護者の同意を得た上でスヌーズレンによる授業を行いました。実施した児童は全員で6名になります。児童の実態としては、ADHD（注意欠如／多動症）による投薬治療を受けている児童や社会不安障がいによる登校渋りの傾向のある児童、ASD（自閉スペクトラム症）によるコミュニケーションに課題を持っている児童等がいます。

（3）実施方法
通級指導教室の一角に2.5メートル四方のテントをたて、農業用遮光シート等をかぶせて薄暗い環境を作りました。その中で蓄光教材・蛍光教材を用い、ブラックライトを使って児童自身が好む活動を教師と一緒に行いました。その際には音楽を流したり、香りのアロマを使ったりなど、視覚・聴覚・嗅

覚等さまざまな刺激を活用しました。スヌーズレンが成立するための条件を満たすように、一人ひとりの感覚ニーズに応じた環境の設定にするため、児童ごとに音楽や光の教材を変えています。実施時間は、45分間授業のうちおよそ10分間を用い、児童の実態に合わせて授業の始まりや最後に導入しました。スヌーズレン実施後には児童に感想を書かせ、スヌーズレンの授業前の気持ちと授業後の気持ちの変容、興味を持ったこと、次回への希望を把握しました。

スヌーズレンのかんそう
(3)月 (10)日
名前(　　　)
①スヌーズレンがおわってどんなきもちですか
(こころがおちついている。)
②スヌーズレンをするまえとおわったあとのきもちがかわりましたか
(かわった)
③一ばんおもしろかったこと・おもしろくなかったことはなんですか。
(光がおもしろかった)
④スヌーズレンでもっとやってみたいことはなんですか。
(いろがかわるやつとがらがついたおりがみをはりたい。)

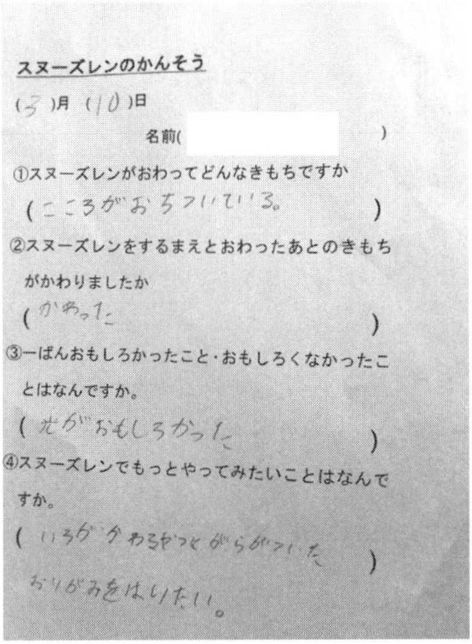

図1　児童の感想

(4) 実施結果

(事例1)

ア　児童の実態

集団への不適応があり、母子分離ができておらず、不登校傾向・通常学級への入室拒否が強かった中学年児童について実施しました。

イ　スヌーズレン実施時の様子

母子分離への不安が強かったため、始めは蓄光絵の具を用いた光る紙芝居をテントの外で母親と一緒に読みました。テントの中で読むと絵が光ることを伝えると興味を示し、母親と離れて通級担当者とテントの中でスヌーズレンを実施することができました。このことをきっかけに母子分離が図られ、通級担当者との人間関係を形成することができました。ス

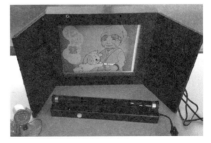

図2　光る紙芝居とブラックライト

ヌーズレン中の活動としては、物語作りの好きなAさんと光を通す折り紙を使用して海の生き物を作成し、海の中を探検したり宝探しをしたりする物語を楽しみました。その活動の中で自分の気持ちを通級担当者に伝えられるようになり、実際に自分が困っていることなどについて話し合えるようになりました。スヌーズレン実施後の感想には、「顔が柔らかくなって普通に笑える」「すっきり落ち着いた」などの気持ちの変容を表す言葉や「天井を飾りたい」などの意欲の向上を表す言葉を書いてきていました。

③実施後の変容

母子分離が成立し、通級担当者との信頼関係が作られたことにより、学校生活の中の不安について一つひとつ対応策を練り、実践することができるようになりました。通級担当者と登校について目標を設定して取り組んだり、通常学級での授業参加の方法を考えたり等、自分の課題を解決していくことができました。最終的には登校への不安が減少し、登校渋りや通常学級への拒否感が軽減されました。このことはスヌーズレンの授業がAさんの心理的安定に大きく貢献したと共に通級担当者との人間関係の形成を促進したと考えられます。

（事例2）

①児童の実態

知的発達や言葉の遅れはないが、人と上手くコミュニケーションがとれず、多少こだわりが見られる自閉的傾向のある高学年児童について実施しました。

②スヌーズレン実施時の様子

通常学級での友だちとのトラブルについて十分に納得できない状態で通級指導教室に来ることが多くありました。いらいらして怒っていたり、泣いていたりしていることもあり、自分の状態を言葉で伝えることが困難なことも多くありました。そこで、通級による指導の時間の始めに気持ちを落ち着けて課題に取り組む態勢作りのためにスヌーズレンによる授業を取り入れました。スヌーズレン中は、自分の好きな光ファイバーを花火や噴水に見立てて、さまざまな角度から見える光の様子について教師と視線を共有しながらその変化を楽しみました。物語作りも好んでしていたので、登場人物になりきって教師が物語

に介入し、現実のトラブルに沿うような場面の設定を行い、解決につながるような指導ができたこともありました。スヌーズレン実施後の感想には、「むかついた気持ちがおさまった」「さわやかになった」などの気持ちの変容を表す言葉や「虹の国をしたい」「キャンプファイヤーをする」など、次回の活動への期待を表す言葉を書いていました。

図3　光ファイバーや蛍光教材

③実施後の変容

　気持ちが高ぶっているときにスヌーズレンの授業を行うことで、気持ちを落ち着けてその時の自分の行動の振り返りができるようになったり、その後の対処方法を教師と一緒に検討できるようになったりしました。そのようなスヌーズレンの授業を繰り返し行ったところ、友だちとのトラブルが起こったとしても、通級による指導の時間に解決することができるという心理的な安定が見られました。結果、トラブルが発生しても怒ったり泣いたりすることが減り、通級指導担当に相談に来ることができるようになりました。このことはスヌーズレンの授業が児童の心理的安定に大きく貢献したと共に通級担当者との人間関係の形成を促進し、自分の困難さへの対処方法を身につけることができたと考えられます。

(5) まとめ

　通級による指導の中にスヌーズレンの授業を取り入れたところ、多くの児童が気持ちの変容と次回への期待を授業後の感想に書いていました。このことはスヌーズレンの授業が心理的な安定に効果があることを表しています。さらに、教師との関係においては、人間関係の構築と共に意欲的に他者に関わろうとすることでコミュニケーションの力を向上させることができていると考えます。この二つの変容が得られたことで、行動上の変容も見られ、集団生活への

適応がすすんでいます。発達障がい等の困難さのある通常学級在籍の児童にとって通級指導教室という特別な教育の場で行われるスヌーズレンの授業は、児童にとって心地よい環境で安心して自己表現をできる場である、と同時にその場を共有した教師との人間関係を通して自分の課題と向き合う力を養う場にもなっているのではないかと考えます。

本稿は、東　法子・姉崎　弘（2017）の実践報告を東が代表して再構成したものです。

（東　法子）

3. 小学校・通常学級在籍の発達障がい児への別室でのスヌーズレンの授業実践
（1）実践の概要

　今日、小・中学校の通常学級に多くの発達障がい児等、特別なニーズのある児童生徒たちが在籍しています。学校現場では、どの子にもわかりやすい授業づくりを目指して、「ユニバーサルデザインの授業」を創意工夫しながら実践を行っているところです。またこうした児童生徒たちには、一人ひとりの「個別の指導計画」を作成して、きめの細かな指導を実践しています。

　しかし、こうした通常学級の教室における指導だけでは十分な支援のできない児童生徒が存在していることは確かです。この問題に対処するためには、通級による指導の制度を活用することが有効であると考えられますが、一部の市町村では通級指導教室の数が十分になかったり、校内の教師や保護者の通級指導のメリットに対する認識が十分にない場合には、この制度を活用した支援を行うことは困難になります。

　そこで、この問題に対して、今後の取組みを提案していくために、姉崎研究室が中心となって、小学校の通常学級在籍の児童を放課後の時間帯に校内の別室で、クラブ活動等の指導の一つとして児童が興味をもちやすいスヌーズレンを活用した個別の授業実践（スヌーズレン教育）を行い、考察しました。

　心地よい視覚刺激や聴覚刺激、嗅覚刺激を用いた、スヌーズレンの多重感覚環境を別室に創出することで、児童がリラックスして楽しく学習に取組みなが

ら、同時に児童の課題である、心理的な安定を図り、対人関係やコミュニケーションスキルの向上を目指して指導や支援を行いました。ここでは、仮想事例として実践を述べることにします。

(2) 対象児の様子と指導目標

通常学級在籍の中学年男子。発達障がいがあります。突然怒り出したり、大きな声を出したりします。友だちと良好な人間関係をつくったり、教師や友だちに自分の気持ちを言葉で上手く表現することが苦手です。そこで指導目標として、①自分を振り返って感情を上手くコントロールして情緒を安定させる、②物事を前向きにとらえられるようになり、友だちと良好な人間関係をつくる、の2つを設定しました。

(3) 使用したスヌーズレン教材について

図1　ブラックライト（左）

図2　ブラックライトで光るボール

(4) 指導の結果と考察

スヌーズレンを開始した当初、突然怒り出し、自分を否定するような内容や悩み事、自信が持てないことを話すことが多く見受けられました。そこで落ち着いて自分を振り返らせ、「でも、本当にがんばったね」「先生は、あなたの気持ちがわかります。自信をもって」など、本児を肯定して認めて誉めてあげる声かけを行いました。そうすると、徐々に前向きな考え方ができるようにな

り、年度の後半には、好きな勉強のことや友だちと遊んだことなど、話の内容に明るい話題が多くなりました。また友だちの良い所を積極的に見つけて認めてあげると仲間関係がうまくいくようになることを教えると、以前までは、友だちの悪い所しか話ができませんでしたが、次第に「○○の打つボールは遠くまで飛んで本当にすごいんだよ」と他児の良いところを誉めることもできるようになりました。

　また本児はこれまで、自分の好きな友だちとしか関わることができず、他児が本児を遊びに誘っても返事をしなかったり、無視したりすることがたびたびありました。このことについて、あえて注意はしないようにして「〜してみたらどうかな。きっとうまくいくと思うよ」と自分の取るべき行動をさりげなく教示する形で声をかけました。その結果、担任から、12月頃から今まで関われなかった友だちとも遊べるようになりましたとの報告を受けています。またこれまで1日のほとんどを教室の中で過ごしていましたが、休み時間になると、外で友だちが遊んでいる活動に注目するようになり、外で友だちといっしょにスポーツをする本児の姿が見られるまでになりました。

　スヌーズレンは、静かな環境の中で、特に魅力的な蛍光教材が本児をリラックスさせて楽しい学習の雰囲気をつくり出し、さらに本児に対する指導者の共感的な理解と本児の気持ちへの傾聴の姿勢による適切な声かけや助言が、本児と指導者との信頼関係を深め、本児の自己肯定感を高めて自信を育み、その結果、本児の人としてのより良い変容を促したと考えられます。

　このような空き教室を利用した別室での通級によるスヌーズレン教育の指導効果が担任や保護者に広く理解されていけば、発達障がい等の特別なニーズのある児童生徒に対する「ユニバーサルデザイン」と「スヌーズレンによる通級指導」の二つを柱にした指導・支援がより充実していくと考えられます。そのためには、実践事例の蓄積と教育効果の検証が課題になっています。

　本稿は、姉崎　弘（2018）の自主シンポジウム配付資料の内容を再構成したものです。

（姉崎　弘）

引用・参考文献

姉崎　弘（2013）わが国におけるスヌーズレン教育の導入の意義と展開．特殊教育学研究，51(4)，pp369-379.

姉崎　弘（2018）話題提供1　小学校での放課後のクラブ活動における自閉スペクトラム症児へのスヌーズレンの授業の可能性．日本LD学会第27回大会自主シンポジウム2（J2）配付資料．

姉崎　弘・藤澤　憲（2017）スヌーズレンが成立するための基本要件について．スヌーズレン教育・福祉研究，1，pp19-28.

東　法子，姉崎　弘（2017）集団への適応を目指した社会不安障がいのある児童へのスヌーズレンの授業．スヌーズレン教育・福祉研究，1，pp67-77.

Mertens, K. (2003) Snoezelen Eine Einführung in die Praxis. Modernes Lernen Verlag, Dortmund, Germany. 姉崎 弘 監訳（2015）スヌーズレンの基礎理論と実際 ― 心を癒す多重感覚環境の世界 ―（第2版復刻版）．学術研究出版/ブックウェイ，pp30-32.

大仲麻喜・大﨑淳子・姉崎　弘（2013）自閉症児のコミュニケーション力を高めるスヌーズレンの授業．スヌーズレン研究，1，pp35-42.

第3節　病院の重症心身障がい児者病棟と認知症施設におけるスヌーズレンの実践

1. スヌーズレンを導入した重症心身障がい児（者）への療育支援

(1) 実践の概要

　当院でスヌーズレンに参加される重症心身障がい児（者）（以下、重症児（者））は、医療度の高い方達以外にも、視力・聴力・行動・感覚等にも障がいを合わせ持たれた方などさまざまです。スヌーズレンへの反応としては、穏やかな表情でリラックスされたり、光をじっと見つめたり、機嫌よい発声をされたり、器材に近寄り触れられたりと、個々人の感じ方や受け止め方で楽しまれています。

(2) 目的

　スヌーズレンへの参加を通じて、心地よく楽しい体験の共有を目指します。障がいを持つ参加者と、そこに寄り添う支援者が、共に心地よい時間を過ごせるように、見ること（視覚）や聴くこと（聴覚）、触ること（触覚）や匂いを嗅ぐこと（嗅覚）などの係わりを通してリラクゼーションを促します。さらに参加される個々人の感覚能力を尊重しながら、リラックスした楽しい時間を過ごせるように、心地よい香りや音楽、幻想的な光などの感覚刺激を支援者と共に楽しみます。

図1　スヌーズレンルーム

図2　実践場面

(3) 方法

　スヌーズレンに参加される方達は、個々人の障がい状況に合わせて 3 〜 5 名ずつの小グループ体制を取っています。医療度の高いグループ（以下、医療グループ）が 4 組で 18 名と、行動や感覚等に障がいのあるグループ（以下、行動グループ）が 2 組で 7 名となっており、医療グループの中には、体調不良等でやむなく欠席される方もおりますが、全体として 25 名の方達が曜日別に参加されています。医療グループが参加するに当たっては、処置対応の関係から看護師の事前介助が必要となります。行動グループでは、情緒面に課題がある方などがおられます。直接支援をする職員は保育士と児童指導員が主で、日中活動支援の中で療育活動実践の一貫としてスヌーズレンを取り入れています。スヌーズレンによる療育支援の実施時間は設定されており、グループ別に病室のベッドから車椅子等に移乗して、スヌーズレン専用室まで移動して参加されています。

　医療グループでは、スヌーズレンの光や振動、音楽、香りなどによる視覚・聴覚・触覚・嗅覚への多重感覚刺激に伴って、覚醒反応や感情表出が見られるかを確認します。さらに、自発的な動きや発声が伴うかを観察するようにもしています。行動グループでは、スヌーズレン環境の造り出すリラックス効果や参加者自身のスヌーズレンへの興味関心によって、衝動的な行動が沈静化しているかを確認して、情緒面の安定について観察しています。スヌーズレンの実施手順については以下の通りです。

> ①音による入室の合図（ツリーチャイム使用）⇒　②入室後の参加者の配置（車椅子乗車のままやフロアに降りるなど参加者の配置は対象グループにより毎回異なる）⇒　③音楽を流しながら室内を暗くしてスヌーズレンを開始（必要に応じてアロマも使用）⇒　④バブルチューブ、ファイバーグロウ、ライトニングプラネットなどの光系スヌーズレン器材を使用し、途中でミラーボール等の照明調節も行う⇒　⑤音楽終了と共に徐々に照明を明るくする⇒　⑥音による終了の合図（グレゴリアンソプラノ使用）です。音楽やアロマの使用では、覚醒反応を促すテンポの良い曲やミント系の香り、リラックスする曲やラベンダーの香りなど、利用グループの目的に応じたスヌーズレン環境を設定して行っています。

(4) 結果

　医療グループの方達の反応としては、最初の音による入室合図の時点で、すでに笑顔を見せる方もおられました。部屋の照明を暗くしてスヌーズレンを始めると、スヌーズレン器材の光や音楽による心地よい刺激によって、目を大きく見開いて見つめたり、快い発声をされたりして、参加者のほぼ全員が穏やかな表情になりました。さらに参加者の中には、自ら首を動かして周囲を見回したり、隣にいる支援者に手を伸ばしてきたりするなど、自発的かつ意図的な動きが見られる方もおられました。行動グループは、スヌーズレン専用室では車椅子からフロアに降りて、自由に探索行動をしてもらっています。

　参加された方達の反応としては、四つ這い移動などで自分の気に入ったスヌーズレン器材の近くへ寄っていき、バブルチューブの水泡の動きや振動の感触、ファイバーグロウの光の変化などを興味深げに見つめたり、直接触れたりして体感されていました。普段に比較して、穏やかな状態で居続けることができました。反応表出の個人差はありますが、各グループでの参加者は共通して、スヌーズレン体験中には、穏やかな表情や快い発声があり、リラックスされた状態が持続されていました。

(5) 考察

　医療度の高い方達の中には、普段は反応が読み取りにくい方もおられますが、スヌーズレン体験を通じて、心地よい刺激により覚醒を促され、快い感情

図3　光系スヌーズレン器材

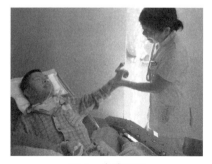

図4　実践場面

表出としての反応が現れたのだと思われます。さらに笑顔などの感情表出だけではなく、手足を動かしたりする自発的な運動としての身体反応へと繋がっていき、外から受けた刺激への受容が認められました。スヌーズレンの創り出す環境やそれに伴う心地よい刺激が、リラックス効果をもたらすことにより、行動上の課題を軽減させていると思われます。また、自分の気に入ったスヌーズレン器材への興味関心に基づく探索や、接触などの自発的な行動が見られることから、同様に外からの刺激への積極的な反応が認められました。このように、スヌーズレン環境によって創り出される心地よい刺激は、体験する参加者に対して覚醒効果やリラックス効果をもたらす、快い多重感覚刺激として受け容れられていると思われます。

(6) 課題

　現時点では、人工呼吸器を使用している方のスヌーズレン専用室への参加はほとんどありませんが、今後超重症児（者）の方へのスヌーズレン体験をどのように実施していくのか考えていく必要があります。また、スヌーズレン体験を通じて、行動障がいのある方へのリラックス効果は見られ、体験中での症状軽減はあるとは思われますが、その状態の継続性をどうしていったら良いのかを考えていくことも必要です。現在は状態観察（視線、表情、発声、動き等）によるチェック方式に基づいて評価していますが、どのような場面でどんな反応を示しているのかが、より明確になるような評価をしていけるように検討しています。さらに反応表出が弱くて状態の読み取りにくい超重症児（者）の方に対しても、活動時における心拍数の変化を測定するなど、生理的指標に基づく数値データ等も活用して、より客観的かつ多面的に評価できるよう評価方法の改善を図っていくことを通じて、スヌーズレン体験の効果を具体的に立証していければよいと思っています。

（森　一夫）

2. 重症心身障がい病棟における重症心身障がい児（者）への実践

　当院では長期入所中の重症心身障がい児（者）（以下、重症児（者））を対象に日中活動の一環としてスヌーズレンを実践しています。本項では、A病棟にて6名の利用者を対象に3名の支援者で月2回程度行っている実践について紹介します。

(1) 対象者
　20代から60代の重度知的障がいと肢体不自由を併せ持つ利用者6名でした。

(2) 活動の実際
　活動は季節ごとに内容を変えて実践しています。ここでは「夏」の活動例を表1に示し、スヌーズレンの5要件をどのように考慮しているかについて述べます。

表1　スヌーズレン「夏」の活動例

ねらい	1. 人との触れ合いの中で視聴覚・触覚刺激に触れ、物や人への興味が拡大する 2. 表情や動作で気持ちを表現する		
対象者の主な観察項目	A：表情の変化　B：発声、手の動き、明暗変化時の動き　C：表情（笑顔の有無）、視線、発声　D：表情（笑顔の有無）、手の動き、動き　E：用具に視線を向けた時の表情（笑顔の有無）、発声、動き　F：表情（笑顔の有無）、発声、身体の動き		
準備物	CD、CDプレイヤー、ソーラープロジェクター、リキッドディスク（青、イルカ）、光ファイバー、スカーフ、オーシャンドラム、ボール		
時間	利用者の活動	支援者の動き	観察及び留意点
	安楽な姿勢になる	各利用者を車椅子から降ろし、Aはソファーの上、B、C、D、E、Fは絨毯の上へ移動できるよう支援する	移動後の姿勢が無理な体勢になっていないか、不快表情がみられていないかを観察する

14：30	1. 開始の挨拶 ・挨拶に対して応答する	・利用者と視線を合わせ挨拶する	・利用者からの反応をゆっくりと待ち、表出された反応に対して声かけやスキンシップですぐに応答する
	2. 呼名 ・呼名に対して応答する	・利用者と視線を合わせ、身体に軽く触れながら呼名する	・利用者からの反応をゆっくりと待ち、表出された反応に対して声かけやスキンシップですぐに応える ・下記の利用者については、特に以下の項目を観察する A：表情、B：手の動き C：表情、E：視線と笑顔の有無
	3. 季節の歌 「浜辺のうた」 ・季節の歌を歌ったり聞いたりする	・視線を合わせながら歌いかける	・CDの音量に配慮する
	4. ふれあい体操 ・手の指や腕へ触れられる感覚を感じる	・指の一本一本へゆっくりと適度な圧をかけながら触れる	・利用者の表情や発声の有無、身体の動きや緊張度を観察する
14：45	5. スヌーズレン ①音楽 ・自然光の中でリラックスできる静かな音楽を聴く	・リラクゼーションの曲をかける	・CDの音量に配慮する
	②暗室 ・しばらく暗室で過ごす	・カーテンを少しずつ閉め徐々に暗くしていく	・カーテンを閉める際は大きな音がしないように配慮する

	③プロジェクター映像 ・リキッドディスクの映像を見る ・映像からの光やその動きを感じる	・リキッドディスクを映し出す ・利用者の側で一緒に映像を楽しむ	・利用者から見やすい位置に映像を映す ・利用者の様子を観察するとともに、利用者の反応に声かけやスキンシップで応える
	④光ファイバー ・光ファイバーの光を見たり、光ファイバーに触れたりする	・光ファイバーを点灯する ・利用者の顔や手元に持っていき、一緒にファイバーに触れる	・利用者が見やすい位置、触れやすい位置を考慮する ・利用者の様子を観察するとともに、利用者の反応に声かけやスキンシップで応える
	⑤触覚刺激 オーシャンドラムやボール、スカーフ等の音・触刺激を感じる	・オーシャンドラムやボール、スカーフ等を利用者の側に持っていく ・オーシャンドラムをゆっくり鳴らす	・オーシャンドラムの音の大きさに配慮する ・Dの自発的な動きとBの手の動きを特に観察する ・利用者の反応に声かけやスキンシップで応える ・利用者と心地よさを共有する
	⑥終了 徐々に自然光の明るさを感じる	・カーテンをゆっくりと明け、徐々に白熱光を入れていく	・カーテンを開ける際は大きな音がしないように配慮する ・Cの表情と発声、Eの表情を特に観察する
15：15	6. 終わりの歌 ・終わりの歌を歌ったり聞いたりする	・視線を合わせながら、終わりの歌を歌いかける	・CDの音量に配慮する

ア 感覚ニーズに応じた環境（心地よい時間と空間）の設定

　開始の挨拶から導入を経てスヌーズレン活動へと移る際には、部屋を一気に暗くせず自然光の中で過ごしてから部屋のカーテンを静かに少しずつ閉めて徐々に暗くし、利用者が暗さに慣れるようしばらく暗室で過ごす時間を設定しています。また、利用者の中には触覚刺激が受容しやすい者がいるため、バイブレーションや柔らかいボール、スカーフといった用具も準備し、これらの感覚を好む者の側に置くようにしています。

イ 利用者の主体性の発揮

　利用者の主体性の発揮には人的環境も含めた環境調整が重要と考えます。利用者自身の「（もっと）見たい」「（もっと）聴きたい」「（もっと）触りたい」という思いを喚起できるような器具、用具の提示の仕方、これらを提示する際の職員の声かけ等、利用者への関わり方に配慮しています。具体的には、利用者の姿勢、目線の高さ、視野を考慮してリキッドディスクを映す場所や利用者の位置を決めたり、光ファイバーや触覚刺激の用具等は利用者の近くまで持っていき提示したりしています。また、刺激提示はより少ない刺激から始め、声かけや身体に触れる等しながら利用者が対象物を認識しやすいよう支援しています。

ウ 利用者の自己選択の機会の確保

　重症児（者）には、視線、身体の動き、緊張度、発声といった非言語的手段によってコミュニケーションが成立し自己選択が可能な者がいます。活動では、利用者に用具を二種類提示し、どちらが良いかを尋ねた上で視線を向けた方や手を伸ばした方、発声が聞かれた方の用具を利用者が選択したと捉えて活動を展開しています。こうした反応が不確かで不明瞭な利用者についても、支援者が反応をゆっくり待ち、僅かな反応であってもそれを利用者の意思表示の一つとして捉えて応答し続けていくことは、利用者との関係構築やコミュニケーションを活発化させるために重要と考えています。

エ 「利用者 ― 器材・用具 ― 支援者」の三項関係を基本とした関わり

活動ではさまざまな器材・用具を使用しますが、利用者がこれらに対して示す反応ばかりに着目していると、「利用者 ― 器材・用具」の二項関係に留まってしまいます。三項関係へと発展させるためには、活動中に感じた感覚、思いを利用者と支援者が共有することが重要といえます。利用者が器材・用具に対して示した反応の意図するところを支援者が言語化して利用者へフィードバックしたり、利用者と一緒に器材・用具を操作したりする等、思いや体験を利用者と分かち合うことを大切にしています。

オ 利用者に共感する姿勢

利用者にとって活動が心地よく安らげるものとなるためには、利用者のペースに合わせ、利用者と支援者が体験を共有し、利用者の思いや気持ちに支援者が寄り添い共感することが必要であると考えます。活動では、利用者の側に支援者も寝て一緒にリキッドディスクを眺めたり、用具を一緒に触ったりしながら、利用者の反応に支援者が共感的声かけやスキンシップで応答するなどしています。

(3) 活動における利用者の様子等

これまでの活動において6名の利用者にさまざまな反応が見られてきています（表2）。今後もスヌーズレンの5要件を基本に、利用者にとって心地よく楽しみな活動となるよう取り組んでいきたいです。

表2 これまでの活動における利用者の様子等

利用者	様子等
A	活動以外の場面では人から触れられることに対し不快表情になることが多いが、活動中は短時間であれば触れられても不快表情なく支援者と関わることができていた。部屋内のソファー上で仰向けになったり、身体を前屈させたりして自分の好きなように姿勢を変えることがあり、その後入眠することもあった。

B	活動中は常に支援者の手や足に触れており、側に支援者がいれば大きな声を出すことは少なかった。光ファイバーに手を伸ばし、ファイバーを持ち上げては落とす動作を繰り返し行うことが多かった。光るゴムボールを視線の先でゆっくり揺らすと、手を伸ばしてゴムボールをつかみ、微笑みが見られていた。
C	部屋が暗くなる時、また明るくなる時、リキッドディスク点灯時など、周囲の状況の変化にすぐに気付き、顔や視線をそちらへ向けていた。柔らかいぬいぐるみを近付けると微笑み、表情の変化が見られていた。側にいる支援者に向かって声を出して笑うこともあった。
D	車椅子から絨毯に降りると、周囲を見回し自分の関心のある物の方へ這って行く様子がよく見られた。特に、ボールが入ったカゴに自発的に手を伸ばすことが多く、カゴの中からボールを一つ出し、またカゴの中に入れるという動作を繰り返し行っていた。支援者が側でゆっくり手を出すと微笑みながら握っているボールを支援者へ渡し、また支援者がそのボールをDにゆっくり差し出すとそれを受け取るやりとりができていた。
E	絨毯の上で座位になったり身体を左右に揺らしたりしていた。光ファイバーに視線を向けることが多く、よく注視していた。支援者と視線が合うと声を出して笑うことがあった。
F	絨毯の上で自ら側臥位や座位になり姿勢を変えていた。周囲に置かれた物にゆっくり手を伸ばし、触れたものをつかんで上下に振ったり、自分の耳元近くへ持っていき振って音を出したりしていた。支援者の身体に触れると声を出して笑いながら更に身体に触れる動作が頻繁に見られていた。

（江頭　紀子、工藤麻由子）

3. 重症心身障がい児（者）のグループ療育活動におけるスヌーズレンの実践
(1) 実践の概要

　活動の対象者は、さまざまな刺激を同時に受け取ることが難しく、また一つの刺激を受容することにも時間を要するため、一つの活動をじっくりと時間をかけて行うことができるよう、刺激を一つずつ順番に提示することにしました。

　活動開始時には、部屋全体を明るくしたまま、始まりの歌を全員で歌い、活動の開始を伝え、プレイルームやスヌーズレン室の環境に慣れるための時間を

設定しました。次に、お手玉を使ってタッチングを行い、全身を刺激します。お手玉を受け渡すなど、道具を用いながら、利用者と支援者が一緒に活動を共有できるようにしました。カーテンを閉め、徐々に部屋を暗くしていき、活動への期待感を持てるようにしました。次にその時々の利用者の状態に合わせたアロマオイルの香りを選択し、まずは暗所で香りのみをゆっくりと感じることができるようにしました。

　その後、ディスクローテーターやミラーボール、バブルタワーを使って天井や壁に光を映しだし、光の色や動きを体感していただきました。ディスクの色や動きの速さは、利用者の好みやその日の体調によって暖色や寒色、動きの緩急を選ぶようにしています。光に慣れてきたところで、ウインドチャイムやツリーチャイム、レインスティックなど手を伸ばしただけで簡単に鳴らすことができる楽器を提示し、利用者が自主的に自分のペースで手を伸ばして音色を楽しむ時間を設けました。最後に一度光をすべて停止し、香りを楽しむ時間を再び設けてからカーテンを徐々に開け、活動の終了を知らせています。

　活動内容は、その日の利用者の状態によって細かい内容は変更することもありますが、基本的には年間を通して同じ流れで活動を実施できるようにしています。

(2) 目的
・五感を使ってさまざまな刺激を体感し、受け入れます。
・緊張を和らげ、落ち着きやリラクゼーションを促します。
・他の利用者と一緒に非日常空間を体感し、集団で活動することを楽しみます。

(3) 方法
　ア　利用者の実態
　活動参加人数は、6～8名で実施しました。重症心身障がい児（者）で、呼吸器装着者2名が参加されています。刺激に対して過敏さや鈍感さがある方などさまざまですが、表情や視線で気持ちの表出をすることは可能です。

イ　介助者（支援者）

活動を実践するスタッフとして、保育士2名、児童指導員、看護師、療養介助専門員の計5名が活動に参加しました。

ウ　実施期間・場所・時間・日課

毎週月曜日14：00～15：00の1時間程度活動を実施しています。活動場所は、利用者の体調を考慮し、病棟プレイルームやスヌーズレン室などその時々に応じて場所を変更しました。

利用者は入浴や午前の全体療育の時間などを除いて、ベッド上から離床する時間がごく限られています。グループ療育では、少しでも車椅子やマット上へ移乗し、気分転換を図っていただけるようにしました。

エ　スヌーズレン実践の目標及び評価について

個別の目標については、年に1度個別支援計画の作成の際に、毎回の記録から個別に評価を行い、目標を設定しました。活動内容の評価は、月に1度、毎回の記録などを踏まえた上で他職種間での評価を行いました。評価の際には、利用者の表情の変化や興味を示された場面を参考に器材の提示方法や活動時間を検討しました。

オ　使用したスヌーズレン器材と空間図

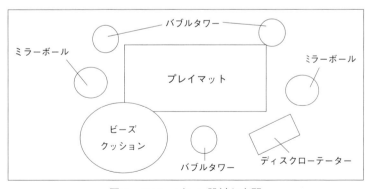

図1　スヌーズレン器材と空間

・触れる度に色が変わる遊具（図2・図3）

少しの力にも反応し、触れる度に色が変わるため、利用者が自発的に楽しん

図2 （白色）

図3 （緑色）

で触れたり、支援者に手渡そうとしたりする姿が多く見られました。

（全7色の色の変化が楽しめ、触れる度に色が変わります）

・香りと光の動きを体感するための手作り遊具（図4）

図4 ウォーターライト

クリアケースの下にLEDライトを設置し、ケースの中には入浴剤やアロマオイルで香りを付けたお湯を入れています。香りを楽しめるだけでなく、水が揺れるのに合わせて光が揺れる様子も楽しむことができます。

(3) 結果

スヌーズレン活動を通して、利用者の緊張を和らげ、リラックスできる空間を提供することができました。普段、緊張が強かったり、刺激に過敏に反応されたり、一方で刺激に対して鈍感な方などさまざまな方がいらっしゃるグループでの集団療育活動でしたが、全員がそれぞれの好きな刺激や器具を見つけ、リラックスした状態で活動に参加することができていました。

また、光や音を楽しむだけでなく、器材や用具を使って支援者や他の利用者と一緒に空間や時間を共有することで、普段の病棟生活では見られない表情

や、普段あまり自発的に身体を動かすことがない利用者が自ら器材に手を伸ばそうとされる様子などが多く見受けられました。

さらに、支援者側もスヌーズレンでの活動を通して利用者のさまざまな反応や表情を見ることで、より利用者の気持ちに共感し、寄り添おうとする気持ちを高めることができました。

(4) 考察

刺激に対して過敏さや鈍感さがあったり、また刺激を受容するのに時間を要したりと、様々な利用者がいる中で、一つひとつの器材や活動内容をゆっくりと時間をかけて提示したことで、利用者がより自分のペースでゆっくりと活動を楽しむことができたと考えます。

また、活動の流れは一貫させていましたが、利用者の様子によって細かく器材や香りを調整したことで、よりその日の気分に合った活動ができたのではないかと思います。

光や香り、音など普段と違う空間を利用者と支援者が一緒に体感し、共有できたことで、利用者が自分の想いを表情や動作ではっきりと表現する一つのきっかけになったのではないかと思います。また、ゆったりと同じ空間を一緒に共有したことで、支援者も利用者の小さな変化を受け取りやすくなったのではないかと考えます。

(5) 今後の課題

グループ療育では、さまざまな利用者が一緒に参加されるため、それぞれの好きなことや興味のあることを活動時間内にすべて取り入れることに難しさを感じています。これまでの実践で、スヌーズレン空間や活動に慣れて、リラックスしながら活動に取り組めるようになってきました。今後は逆にそれぞれが好きなことを取り入れつつ、集団での空間や体験の共有の時間も大切に活動を展開していきたいと思います。

また、利用者の状態や気持ち、好きなことや興味のあることも日々変化しています。スヌーズレンを通して利用者の気持ちに寄り添い共感していく中で、

そのような変化にいち早く気づき、活動に活かしていきたいです。

(本村　優紀・中原佐代子)

4. 重度認知症高齢者の作業療法におけるスヌーズレンの実践
― 心地よく主体的に過ごせる環境の再現に向けて ―

実践の概要
　認知症の重症度にかかわらず、より良い暮らしを実現するために、作業療法士（以下、OT）は生活機能の改善に向けた支援をします。今回、重度認知症により症状が顕著な高齢者に対して、作業療法の一環としてスヌーズレンを利用しました。その際、「スヌーズレンが成立するための基本要件」の改訂版（姉崎, 2018）を基に実践しました。その結果、適度な多重感覚刺激により利用者はリラックスし、好きなことを選択、集中して楽しめるようになりました。意思を表現する機会が増加したことで、生活上での症状が緩和し、生活リズムも改善しました。転居先でも、スヌーズレン室のような心地よく主体的に過ごせる環境の希望があり、再現しました。スヌーズレンの効果を生活する部屋や介護などの環境へ発展することは今後の課題です。

1. 目的
　わが国の認知症施策推進総合戦略（新オレンジプラン）では、認知症の人の意思が尊重され、できる限り住み慣れた地域のよい環境で、自分らしく暮らし続けることができる社会の実現を目指しています。認知症の人が重症度にかかわらずそのような暮らしを実現するために、OTは生活機能の改善に向けた支援をします。今回、重度認知症により自宅生活が困難になった利用者に対して、作業療法の一環としてスヌーズレンを実践しました（太田, 2001）。得られた効果と今後の実践を広げる可能性を報告します。

2. 方法
(1) 利用者の実態と実践者
　利用者は、80歳代の男性。重度認知症のため、落ち着かず、歩き回る、服を脱ぐ、ベッド上や床に排尿することなどが頻回にありました。特に、考えることがある場面では「頭が悪くなった」と悲観して泣き、顔を伏せて何もできないこともありました。身の回りのことを行うには、段取りがうまくいかずに、声かけや開始の誘導を必要としました。実践者は、介護老人保健施設のOTです。

(2) 実践期間・場所・時間・日課
　併設する特別養護老人ホームのスヌーズレン室で10か月実践しました。概ね頻度は週2～3回、1回の実施時間は30分程度でした。利用者の日課は、睡眠パターンが昼夜逆転しており、食事や起床時の身支度の協力以外は、日中からカーテンを引き、ベッドで臥床するかフロアの廊下を歩きまわり、夜間は、ベッド上で服を脱ぎ、排尿してしまうことを繰り返していました。

(3) スヌーズレン実践の目標及び評価について
　総合評価から、利用者は認知症の症状からおきている今の心身状態を悲観し、考えることやできないことに混乱して、あきらめたり、拒否したりと自分の力を発揮できない生活でした。そのため、長期目標は、自分の能力を発揮して、次の生活の場所で、穏やかに暮らせることとし、短期目標は、スヌーズレン成立のための5つの基本的要件（姉崎，2018）に基づき、スヌーズレン室環境で心身をリラックスして、好きな感覚運動や活動を自由に選択し楽しめること、1日の活動の沈静と活性化のバランスをとり、生活の中で持てる能力を発揮できることとしました。

(4) 使用したスヌーズレンの器材と空間図
　図1、図2に示すように、隣接した施設のスヌーズレン室（縦5.5 m×横4.25 m）の空間を調整しました（姉崎，2015）。窓は暗幕で覆い、床はマット

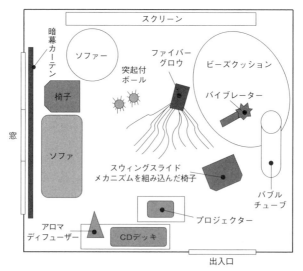

図1　スヌーズレンルーム配置図

図2　スヌーズレンルーム

敷きで、ビーズクッションがあります。使用した器材は、視覚刺激としてバブルチューブ、ファイバーグロウ、音声を入れないDVD映像（日本百景/美しき日本 DVD 12 巻）、聴覚刺激として音楽CD（ヒーリング ハープ音楽）、嗅覚刺激としてアロマディフューザー（ラベンダーの香り（由留木ら，2012））、固有感覚刺激としてバイブレーター、前庭感覚刺激としてスウィングスライドメカニズムを組み込んだ椅子（ロッキングチェア（細木ら，2010）を機械的に再現したもの）などです。

3. 結果

開始時、リハビリテーション室（以下、リハ室）では、何も興味を示さず、うまくいかないことには泣き出すこともありましたが、スヌーズレン室では、比較的落ち着いて過ごせ、会話もできました。しかし、バイブレーション、椅子、光などに興味を持つものの、自分から進んで行くことができませんでした。そのため、OTが一緒に椅子を揺らしたり、振動に手を触れてみたり、好きなことに協力しました。開始3か月過ぎには、環境に慣れ、「ここは落ち着く」と語るようになり、手順を教え、少しの励ましがあれば、自ら椅子を揺らし、バブルタワーにも近づき触れるようになりました。

そして、スヌーズレンの後は、リハ室で運動のためにエアロバイクもこげるようになってきました。6か月過ぎには、自ら部屋に入り、教えなくてもくつろぎながら椅子を揺らし、バイブレーターも手に取り振動も楽しみました。突起付ボールもリズムよく、OTとキャッチボールができるようになりました。9か月目では、自ら、5分以上続けて椅子を揺らし楽しみながら、DVD映像に出てくる動物や昔なじみの土地の名前を言い、「景色を見るのが好きだ」と笑顔もみられました。そして、スヌーズレン室の環境以外でも継続して好きなことができるようになりました。その後、転居先の自室をスヌーズレンのような環境にする希望があり、施設職員と一緒にサポートすることとなりました。

4. 考察

　今回の「スヌーズレンが成立するための基本要件（改訂版）」に基づいた実践により、廊下を歩き回ることや介護を拒否することなどが顕著であった重度認知症である利用者が、スヌーズレンではリラックスして好きなことを選択し、集中して楽しみながら行えるようになりました。はじめはOTと一緒に行いましたが、徐々にサポートするように心がけることで、自分で行えるようになりました。このことは、利用者のニーズの変化に応じて、OTが関わり方を変化させ、楽しみを共有しながら好きなことができるようにサポートした結果です。そして、スヌーズレンの適度な多重感覚刺激が良い影響を及ぼし、心身共にリラックスするだけでなく、好ましい発話、自発的な行動、手順等の記憶までも促進され、意思を表現する機会の増加にも繋がったと考えられます。その効果から、生活場面でも自分の能力を発揮できるようになり、認知症の症状も緩和され、主体的な生活の実現につながり、転居も可能となりました。そして、心地よく穏やかでありながら、主体的に過ごせるスヌーズレン環境の再現を、自ら希望されることにも至ったと考えられます。

5. 今後の展望

　重度認知症の高齢者への作業療法におけるスヌーズレンの導入は、非常に有効です。特に、認知症の症状は生活する上で大きな影響を及ぼします。症状の原因を分析して、快適にその人らしく過ごせるように環境を整える必要があります。そのためには、スヌーズレンで得られた「リラックスして好きなことに自発的に取り組む行動」を、生活環境でも継続して実現できることが重要です。今後は、もっと暮らしに身近なものなども活用して、スヌーズレン室と同じような特徴を、生活空間や介護などの環境にも再現し、認知症のある人が望む生活ができるように、実践を継続し、さらにスヌーズレンの効果を啓発していくことが課題です。

（新岡　美樹）

参考文献

姉崎　弘（2016）スヌーズレンの基礎と実践．第10回国立病院機構九州グループ療育指導室長会主催療育技法研修会資料．

姉崎　弘（2018）「スヌーズレンが成立するための基本要件」の改訂版について．スヌーズレン教育・福祉研究，2，1-3.

細木一成，福山勝彦，鈴木　学，丸山仁司（2010）ロッキングチェアによるリラクゼーション効果について．日本理学療法学術大会 2009（0），A4P2076.

Hulsegge, J., & Verheul, A. (1989) Snoezelen ankther world. ROMPA. U.K. 姉崎　弘監訳（2015）重度知的障がい者のこころよい時間と空間を創るスヌーズレンの世界．福村出版，51-58. 142-152.

厚生労働省：認知症施策推進総合戦略（新オレンジプラン）．
http://www.mhlw.go.jp/stf/seisakunitsuite/bunya/0000064084.html（参照日：2017年12月10日）

Mertens, K. (2003) Snoezelen Eine Einfürung in die Praxis. Verlag modernes lernen Borgmann. 姉崎　弘監訳（2015）スヌーズレンの基礎理論と実際 ― 心を癒す多重感覚環境の世界 ―［第2版］復刻版．学術研究出版/ブックウェイ，51-65.

宮前珠子（2017）楽しい馴染みの作業を選ぶことの意味～楽しい作業療法のすすめ～．作業行動研究，21（2），47-53.

太田篤志（2001）作業療法の枠組みで捉えたスヌーズレン実践．第35回日本作業療法学会誌．作業療法，20（特1），226.

天竜病院療育指導室（2005）天竜病院のスヌーズレン　重症心身障がい児・者病棟の人たちと一緒に楽しむどこでも出来るスヌーズレン．第4回日本スヌーズレン協会主催セミナー発表．

天竜病院療育指導室（2007）スヌーズレンにピアノ演奏を導入した療育活動．第61回国立病院総合医学会ポスター発表．

由留木裕子，鈴木俊明（2012）ラベンダーの香りと神経機能に関する文献的研究．関西医療大学紀要，6，109-115.

第4節　障がい者施設・生活介護事業（通所）におけるスヌーズレンの実践

1. 障がい者施設におけるスヌーズレンの取組み ― 癒しの時間の共有

(1) 実践の概要

当施設では、障がいを持った成人の方が日中活動の場として利用しています。知的障がいを持った方が大半で身体的には元気な方、肢体に障がいを持つ方、それぞれ約半数でいずれもコミュニケーションを取ることが苦手な方が多いです。

ケースチームはA・B・C・Dの4つのグループごとに毎回計画を立て、「動」及び「静」のスヌーズレンを通して人と人が関わる楽しい時間を共有し両者に心地よさ、安らぎ、楽しみの共有が生じ相互理解が促されることを目的に取り組んでいます。

〈事例1　「静のスヌーズレン」C＆Dグループ〉

　ア　目的
　　・静かな環境で音や光、香り等、いろいろな刺激を感じ、力を抜く心地よさや空間に身を委ねる楽しさを知ることで心身の緊張をほぐします。
　　・利用者とパートナーとなる支援員が穏やかな時間を共有します。
　イ　方法
①利用者の実態

Cグループ…6名　Dグループ…車椅子利用8名（内重症心身障がい者5名）
（1回の参加利用者は7名程度。多い日は10名程が参加します）

　＊Eさん：30代男性　脳性麻痺により車椅子で生活し、ゆっくりであれば自走して移動することができる。床では這って移動。衣類はTシャツのみ脱ぐことができるが他は全介助。緊張や不安から力が入り体が硬くなることが多い。自閉的傾向もあり、先の見通しが立たないと混乱する。単語による意思表示（「トイレ」など）あり。TV、ラジオが好き。家族は心穏やかに生活できることを望んでいる。

②介助者（実践者）…生活支援員7名（男性2名　女性5名）
③実践回数・場所・時間・日課
　C＆Dグループ…月に2回、金曜日午前の活動でスヌーズレンを実施します。作業室全体、または3畳程のスヌーズレン室で行います。
④スヌーズレン実践の目標及び評価について
・静かな環境でいろいろな感覚を刺激し、利用者の興味や関心のサインや表情等の変化を読み取ることができたか記録し、評価します。
・支援員も落ち着いた時間を実感し支援の喜びを感じることができたか評価します。
⑤使用したスヌーズレン器材名
・プロジェクターとスクリーン　・サイドグローカーテン　・ミラーボール
・光ファイバー　・エアーベッド　・ハンモック　・リクライニングチェアーなど

　ウ　結果
　ハンモックに横になり天井に照らされた光を見て声を出して笑い、エアーベッドに乗ると表情が緩み、力の抜けたリラックスした状態で横になります。「ハンモックとエアーベッド、どちらが好きですか？」と尋ねると「ハンモック」と明確に答えています。サイドグローカーテンでは指にファイバーを挟み、光と感触を確かめるように声を出さず静かに触れています。また、スヌーズレン室ではプラネタリウムの映像に軽く視線を送り、「雷こわい」「星がきれい」など、見て感じたこと、聴いて感じたことを言葉にしています。

　エ　考察
　Eさんは静のスヌーズレンに参加すると表情が和らぎ、感じたことを素直に言葉に出し、リラックスした状態で先の予定等を意識することなく、楽しい時間を共有できたと思われます。取り組みの評価として、①利用者とパートナー（支援員）が少人数で行い、各自のペースに合わせて関わることで利用者、支援員共に安らぎの時間が得られています。②活動の継続により経験が蓄積さ

れ、やりたいことを意思決定する姿がみられています。③好き嫌い等、今まで気づけなかった姿、本人も知らなかった一面を発見できています。④支援員のアイデアを形にして活動の幅が広がり、成功体験が支援員の自信と励みに繋がります。

　オ　今後の展望（または課題）

　課題…①準備と片付けの効率化を図る工夫が必要です。②記録を取る場合、個人記録だけではなく、スヌーズレン全体の評価・反省・改善点について記し随時評価と見直しを行い、安全に十分配慮しながら新しい活動を取り入れていきます。

〈事例２　「動のスヌーズレン」Ｂグループ〉
　ア　目的
　　・支援員・他利用者と一緒になって体を動かす楽しさを知りながら、お互いのコミュニケーションを深めていきます。

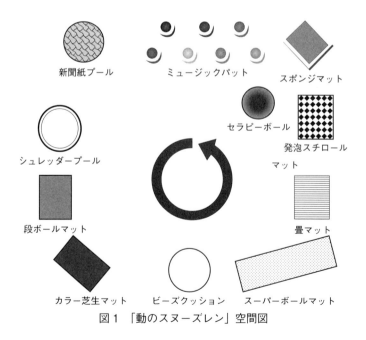

図１　「動のスヌーズレン」空間図

・行動を制限せず、ゲーム感覚で一人ひとりが遊び方を考え、自由に活動することで解放感を得るよう支援します。

イ　方法

①利用者の実態

Bグループ5～6名　行動が活発で常時見守りが必要なグループ

支援員4名（男性2名　女性2名）

＊Fさん：30代男性　重度知的障がい・情緒不安定、日常生活では全面的に支援が必要

②実施回数・場所・時間・日課

隔週の金曜日、午前の活動（動のスヌーズレン）月に1～2回程度実施

場所はデイ室（日中活動室）、テラスの庭または野外

③スヌーズレン実践の目標及び評価について

・日常以外の環境を提供し、その人がどんなことに興味や関心を示すか、見つけられたかを記録し、評価します。

・利用者とパートナーとなる支援員が共に楽しい時間を共有し利用者の笑顔が見られたか、スタッフも楽しかったという実感を持てたか評価します。

④足裏刺激活動に使用したスヌーズレン器材名と活動の写真

・ミュージックパット、芝生マット、スポンジマット、滑り止めマット、セラピーボール、畳マット、支援員手作りマット…スーパーボールを半

図2　Fさん　シュレッダープール

図3　Fさん　スーパーボールマット

分にカットし貼り付けた物、段ボールマット、発泡スチロールマット、ビニールプールの中に刻んだ新聞紙、シュレッダーにかけた紙を入れたもの、BGM用CDデッキなど

ウ　結果

　足裏刺激の活動当初は、上靴や靴下を脱ぐことに抵抗があったようですが、安心感を得られる口調で声かけ誘導すると素足でダンスを踊り、各マットの上では支援員の手を掴んでバランスを取り、何度も飛び跳ねることで足裏の刺激を感じている様子が見られています。スポンジマットを歩くと支援員の手を離し、前転を何度も行い全身で刺激を感じ喜んでいます。セラピーボールを見つけると自分からうつ伏せで乗り笑顔が見られます。クールダウンの時間はマットに寝転びリラックスされています。現在では、素足になる抵抗は無くなり準備段階から靴下を脱ぎ待っていることが多いです。

エ　考察

　Fさんは音楽に合わせ楽しく元気に飛び跳ねることを好む反面、未体験のことに対してはとても慎重になります。少しずつ経験を繰り返し、周囲を観察し大丈夫だと判断してから参加することで、本人のペースで楽しい時間を他者と共有し過ごせていると思います。

　取組みの評価として、①利用者1～2名に対し支援員1名の支援により、その時に好き・苦手・何を感じたのか気持ちを汲取ることができています。寄り添い見守ることで利用者は安心した表情に変わり、信頼関係やお互いに充実感が生まれています。②動きのあるスヌーズレン実施中に多くの発想が支援員から生まれ、メニューが増えることにより意思決定の場面も提供でき、相互作用により利用者・支援員共に充実感を感じています。

オ　今後の展望（または課題）

　動のスヌーズレンを通して、生活すべてが「スヌーズレン」＝「楽しく心地よい環境作り」が必要ではないかと考えます。「いつでもどこでもスヌーズレン」を合言葉に、毎日の支援の中で楽しかった・気持ち良かった・もっとやりたいと感じる場面を増やしていきたいが、限られた時間内での準備、片づけに支援者が追われるため、簡単に楽しめる環境設定が必要だと考えます。また、

体験したことが本当に好きなのか判断が困難な人もいます。好きなことがあっても提供することでこだわりとなる利用者もいるため、どう進めていったら良いのかという課題もあります。個々の記録を元に評価・検証し、良き理解者・パートナーとしてスヌーズレン活動に取り組んでいきたいと思います。

（渡邊　千恵子　菊井　武史）

2. 生活介護事業（通所）におけるスヌーズレン実践とその意義
(1) 実践の概要

　当院生活介護事業では日中活動の一つとしてスヌーズレンの活動を取り入れています。本項では重度・重複障がいのある利用者の事例をもとにスヌーズレンの実践内容を紹介します。当院のスヌーズレンは光刺激を主体としており、光の点灯パターンは点滅、回転、泡沫投影等さまざまです。実践においては、利用者の嗜好や活動目的にあわせてサウンドクッション（聴覚・振動刺激）を併用したり、リラックスできるようポジショニングに配慮し、座位保持装置の使用や抱っこを取り入れたりしています。はじめに実践の紹介をし、その上で利用者の特性に応じた工夫や配慮の必要性について解説します。

(2) 目的

　スヌーズレン実践の目的は3つです。1つ目は心身のリラクゼーションです。利用者は麻痺に起因する体幹、四肢の変形・拘縮があり、さらに吸引や経管栄養等の医療的ケアを要することから日常的なストレスに曝されています。そこで、安らぎを得られるスヌーズレンの環境に身をおくことによりストレスの軽減を目指しました。2つ目は感覚刺激の受容です。多くの重度・重複障がい者は注意のコントロールに困難さを伴います。そこで、刺激の受容の促進を目的として、注意を惹きやすい光刺激を活用することにしました。3つ目は注意と情動の共有の促進です。利用者と職員が一緒に同じ「場」を体験することによって、注意や情動を共有することを目指しました。

(3) 方法
　ア　利用者の実態
　当院生活介護事業の利用者は重度・重複障がいがあり、日常生活行動は「全介助」です。全員が何らかの医療的ケアを必要とします。医療的ケアの内訳は、服薬のほか、痰の吸引、気管切開、経管栄養注入等です。運動機能は座位や寝返りが可能な人もいますが、多くは寝たきりの状態です。さらに、てんかん、多発性関節拘縮症等の疾患を合併している利用者もいます。
　イ　介助者
　主な介助者は福祉職（保育士、児童指導員）です。利用者個々の認知特性や興味・関心を把握した上で実践に臨むようにしています。介助者の基本的姿勢として、利用者の刺激に対する注意を阻がいしないこと、利用者と共にその場を共有すること、利用者の注意の向きを意識して言葉をかけることなどに配慮しています。
　ウ　実践期間・場所・時間・日課
　午後に集団療育の時間を設けており、日々のプログラムは月ごとに立案しています。実践は月に2回程度、1時間単位で、スヌーズレンの器材が設置されている専用の部屋、またはスヌーズレンの器材を生活介護事業の部屋に持ち込んで実施しています。前者はサウンドクッションや大型のバブルユニットを使用する場合、後者は医療的ケアを行う場所から離れられない等の理由により移動が難しい場合としています。
　エ　スヌーズレン実践の目標及び評価について
　全体としての目標は、①医療的ケアや運動機能障がい・筋緊張亢進による日常的なストレスからの解放（リラクゼーション）、②対象（器材）への注意、接近行動の促進、③介助者との注意、情動の共有、以上の3点です。利用者個々の目標については特に定めてはいませんが、実践中の対象への注意や接近行動、介助者との情動共有等について観察し、記録しています。
　オ　使用したスヌーズレン器材
　バブルユニット、ファイバーグロウ、サウンドクッション

(4) 結果

事例1：器材への注視とリラクゼーションが促された例

利用者は10代青年女性。脳性麻痺に伴う関節拘縮症により、常に四肢屈曲姿位で筋緊張が高い状態にあります。また、高度の脊柱側弯により片肺が圧縮され呼吸が浅く、流涎も多いため気管切開部より吸引が必要です。スヌーズレン実践では、平常時と比べはっきり開眼し、周囲の種々の器材や点灯、投射される光に視線を向ける様子が見られました。また、バブルユニットの傍で抱っこし、ゆっくりと上体を上下に揺らすと、下肢が伸展し呼吸がゆっくり深くなる様子が観察されました。

事例2：器材への注意と接近行動が促された例

利用者は10代青年女性。四肢麻痺を伴う脳性麻痺で、寝たきりの状態です。座位保持装置に座らせ、周囲にスヌーズレン器材を設置したところ、本人にファイバーグロウを注視する様子が見られました。そこで、ファイバーグロウを近づけたところ両手が挙上しました。さらに、本人の手に持たせたところ、保持したまま持ち上げ笑顔で介助者の方を見ました。

図1　ファイバーグロウを手に笑顔の利用者

事例3：介助者との注意、情動の共有が促された例

利用者は20代女性。下肢の痙性麻痺がある脳性麻痺で、自力で座位がとれ、ずり這いでの移動が可能です。物よりも人との関わりを好む傾向が強く、日中活動のなかで提示された事物に手を伸ばすことはあまり見られません。スヌーズレン実践では、サウンドクッションの上を好み、音響を感じてじっとする様子が見られました。介助者が一緒にサウンドクッションの上に寝転び、

ファイバーグロウを提示したところ、視線を向けながら時折、介助者の方を振り返る姿が見られました。

(5) 考察

　事例1では、抱っこでのポジショニングにより利用者の視線がバブルユニットに向けやすくなったこと、並行して行った抱っこによる揺らし刺激によりリラクゼーションが促されたことが推察されました。事例2では、視覚的な興味を惹かれたことで、触れてみたいという動機が高まったと考えられました。また、座位姿勢で行うことで上肢の可動域が拡大し、ファイバーグロウを握り挙上するという動きが引き出されたと考えられました。事例3では、利用者の好きなサウンドクッション上に位置することで活動に集中できたこと、介助者が利用者と同じ臥位の姿勢で「場」を共有したことで、情動の共有が促されたことが推察されました。

　以上の実践から、いずれの利用者も光刺激を主体とする器材に強い注意を惹かれていたと思われます。光刺激への注意は、視線だけでなく、手の動きや筋緊張の変化（緩和）にもあらわれており、介助者はこうした利用者における変化に着目することで、実践の効果を感じ取っていました。また、上記の実践から、利用者の嗜好や注意を向けやすいポジショニングに配慮することの重要性が明確化しました。利用者の刺激の好みを踏まえ、利用者の視線の向きに配慮することで、より効果的な器材の提示が可能となります。

　そのほか、実践での様子を家族に伝えることで、家族が在宅での生活では見られない利用者の新鮮な姿に気づくことがわかりました。このことは、生活介護事業でスヌーズレン実践を行うことの一つの意義になると言えます。

(6) 今後の展望

　スヌーズレン実践で使用する光刺激を主体とする器材は、利用者の注意を引きだし、リラクゼーションを促す効果があります。ただし、器材を複合的に使用すると刺激が過剰となり、利用者における刺激の受容をかえって阻がいする可能性も否定できません。また、重度・重複障がい者においては、実践にあた

り呼吸状態や健康状態に配慮することが大切です。心身の状態が不安定では、どのような刺激であっても十分な受容が困難となるからです。さらに、実践においては、利用者の刺激の嗜好性や注意の向け方、疾患の特性（特に、光感受性てんかん）にも留意したいところです。

(阿尾　有朋)

3. 重症心身障がい者通所施設におけるスヌーズレンの実践方法 ― 感覚ニーズに応じた環境の設定への取組み ―

(1) 実践の概要

　重症心身障がい者（以下、重症者）が通所する生活介護における日中活動の1つとしてスヌーズレンを実施しています。対象者の障がいの特性と感覚の好みを把握するためにJSI-Sシート（太田）を活用しました。重症者のコミュニケーションの方法は言語以外の表情、視線の動き、しぐさ、筋緊張の入り方などの観察にたよるものが多いです。対象者の感覚の好みや感情の表出方法の特性を把握した上で、器材との位置関係や介助者の関わりへの工夫が必要となります。いかに感覚ニーズを的確にとらえ、求めている感覚に応じた環境を設定できるかがスヌーズレンのあり方に大きな影響を与えます。

(2) 目的

　重症者にとっての感覚ニーズの把握は、感覚刺激に対しての対象者の反応をとらえることから始まります。感覚刺激に対して快の身体表出が認められれば、感覚ニーズと一致したと理解して良いでしょう。快の身体表出は、健康状態や障がい特性、感覚の好みが大きく影響します。表出方法は、個人差があり、表出部位の表現方法の特徴を知る必要があります。

(3) 方法

　ア　利用者の実態

　生活介護施設に通所利用している重症者14名が対象です。対象者は言語による理解・意思伝達は難しく、表現力は弱く、笑顔等の表情で表現する者が多

表1　重症心身障がい者の快・不快の表出方法の一例

表出の部位	快の表現 (喜び・快適・心地よい・楽しい等)	不快の表現 (痛み・苦しみ・不安・悲しい・拒否・怒り等)
目	生き生きしている・視線が合う 目を細める・うっとりしている 目じりが垂れる・目を見開く 目を動かす（対象物を追う）	涙が出る・うるうるしている 小刻みに目をきょろきょろ動かす 目じりが上がる・鋭い目つき 目をそらす・くもった目つき 不規則なまばたき
眉毛・眉間	眉が垂れる・眉間は伸びている 目を見開くと上がる	眉間にしわができる 眉と目の距離が短くなる （眉のあたりが盛り上がり、固くなる）
口	口角が上がる・笑う 口をぽかんと開ける 口のまわりの力が抜けている 上歯が自然に見える ミルクを飲むような動き	口角が下がる・泣く・叫ぶ 唇を噛む・唇を突き出す 歯を食いしばる 口角が不自然に左右に広がる 口の周りに力が不自然に入る 口唇を突き出す
舌	舌が柔らかい・自然なカーブ 食べるように動かす 舌の先端のみ小刻みに動かす 頬の内側を舌で押す 歌うように動かす	舌が固くなる・舌が乾く 舌の中央が上がり、丸める 口を開けると同時に「あ〜」の発声のように下顎にはりついている 舌を鳴らす チュパチュパと舌を動かす
発声（呼吸含む）	笑う・穏やかな声・歌う 深呼吸 ゆるやかな発声 リズミカルな呼吸 リズム良く喃語のような発声 伸びる声	泣く・怒る・鋭い声・低い声 甲高い声・震える声・うなる 不規則な呼吸・速い浅い呼吸 喘鳴・痰からみ・ため息をつく

手足の動き	リラックスしている 手を挙げる 目的のものに手を伸ばす 目的に合わせた動き	力が入る・震える・はねのける バタバタと動かす・叩く 自分の頭や顔をひっかく
体幹の動き	リラックスしている 胸郭が広がっている 目的のものに身体を向ける 肌を密着させる	力が入る・首を振る・身体が反る 身体が丸まり、胸郭が狭くなる ほてる・特定のものを避ける 肌の密着から離れる・逃げる
共感性	こちらの声かけに対しての細やかな反応・一体感を感じる 口と目の協調性のある動き 両者（対象者・介助者）の間に温かな交流感を感じ、一緒にいることに対して心地よさを感じる	声かけに対して不快の表現がある 介助者が一緒にいるのが不快である 交流感を感じない 対象者と介助者の間に見えない壁のような感覚がある

いです。

　イ　介助者（実践者）

　対象者のグループの生活支援を提供している職員7名が介助者です。

　ウ　実践回数・場所・時間・日課

　週に1回30〜40分程度、定期的に実施していますが、固定のスヌーズレンルームはないため生活支援を提供している居室を利用しています。居室内で遮光カーテンを利用し準暗室となるようにしています。

　エ　スヌーズレン実践の目標及び評価について

　スヌーズレンの目標は、第一にリラクゼーションです。障がい特性により筋緊張の高い対象者において筋緊張緩和状態を維持できる環境設定は、対象者の身体的精神的負担を大きく軽減できます。

　また、感覚刺激に対しての対象者の身体表出として、例えば生き生きと視線を動かすことや口角が上がり笑うなどの快の表現（喜び・快適・心地よい・楽しい等）、不快の表現（痛み・苦しい・不安・悲しい・拒否・怒り等）を知り、介助者の観察記録にて評価を行います。

オ　使用したスヌーズレン器材と空間図

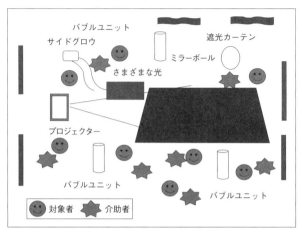

図1　スヌーズレン実践時の配置

・対象者8名に対し、介助者7名が対応しています。
・DVDの映像や、パワーポイントのスライドショーの写真を天井に弛ませて固定した不織布に写します。
・さまざまな光刺激の器材を対象者に合わせて、介助者が選択し、対象者の近くに持っていきます。
・天井には、イルミネーションを固定してあり、後半に点灯させます。

図2　スヌーズレンの器材・用具（1）
ビニール傘の飾りを下から照らし、柔らかい光で季節感を演出します。

図3　スヌーズレンの器材・用具（2）
手作りの行灯やライトでさまざまな種類を使用しています。

図4　スヌーズレンの実践場面（1）
介助者は、対象者の反応を観察し、さまざまな光刺激を対象者が楽しむように関わります。

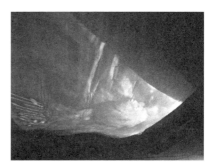

図5　スヌーズレン実践場面（2）
天井に固定している不織布に映像を写しています。

(4) 結果

　対象者は部屋が暗くなると、光やプロジェクターの映像などの視覚的な感覚刺激に対して視線を動かしたり、首を保持し顔の位置を変えるなどの変化がありました。介助者は、スキンシップや抱っこ、マッサージなど触れることや光の刺激を目の前に置いたり、器材を触ることへの介助を声掛けと共に行っていました。介助者の関わりの後には、目を開ける、筋緊張が緩む、視線で追う、口をパクパク動かすなどの変化がみられました。

(5) 考察

　先行研究において重症者にとって受け取りやすい感覚として考えられるのは、①光の刺激や物や絵本などを見る視覚に関するもの、②体位交換や身体全体が動く前庭感覚に関するもの、③身体に触れたり、撫でたり、抱っこなどの触覚に関するもの、④声掛けや好きな音楽を聴く聴覚に関するものであることが示唆されました。

　これらを踏まえ、重症者が受け取りやすく心地よいと感じる刺激を選択し提供しています。対象者にとっての快の表出方法は場面ごとに異なり、表出方法が僅かな変化であっても、介助者はそれを見逃さない観察力が必要です。対象者ごとに表出方法を把握し、介助者の観察方法が異ならないようにしなければ

なりません。

　今回の対象者の一例でも、目と口を中心とした表出の変化が多くみられました。身体部位ごとの変化またはそれぞれの部位の協働表出などで、対象者の感情を表現しています。

(6) 今後の展望

　快と感じる感覚を感覚ニーズとして捉えるのであれば、対象者の感情表出を適切に介助者が観察し、求めている感覚を提供できるスキルを備える必要があります。そのためには、スヌーズレン場面を定期的に評価し、対象者の感覚ニーズと合っているのか、第三者の評価と共に検討を重ねていくことが重要です。

　また、日中活動を過ごす場でスヌーズレンを実践するため、さまざまな感覚刺激を同時に用いている状態です。スヌーズレンのプログラムの組み立てや感覚刺激の選択方法を工夫し、対象者一人ひとりにとっての適切な感覚やスピードを提供できるようにプログラムや感覚刺激のバリエーションを増やしていく必要があります。

(川合　由美)

参考文献

姉崎　弘(2013)わが国におけるスヌーズレン教育の導入の意義と展開．特殊教育学研究，51(4), 369-379.

藤澤　憲・姉崎　弘(2016)重度・重複障がい児へのスヌーズレンの授業の工夫：子どもの活動の主体性を育む手作りスヌーズレン環境を目指して．スヌーズレン研究，3, 12-22.

日本感覚インベントリーホームページ：http://jsi-assesgment.info/(参照日：2016年5月10日)

徳永　豊(2009)重度・重複障がい児の対人相互交渉における共同注意．慶應義塾大学出版会，pp3-16.

第5節　子育て支援施設・放課後等デイサービス・個人宅におけるスヌーズレンの実践

1. 子育て支援施設における実践事例
(1) 子育て支援施設とスヌーズレン実践

　第2章第1節3.(2)で述べたように、英国のチルドレンズセンターにおいては、スヌーズレンが常設されており、子どもたちへの発達支援で活用されています。しかしながら、国内でスヌーズレン器材を設置している子育て支援施設は、まだまだ多いとはいえません。筆者は、搬送が可能なスヌーズレン器材を用いて、子育て支援施設や子育て支援サークルを訪問し、実践を行ってきましたので、その様子を述べていきたいと思います。

(2) 子育て支援施設でのプログラム内容

　お子さんのサポーター役とお子さんとの身体を介した相互交渉である「キュッキュッ体操」、五感を生かした活動である「楽器（トーンチャイム、ベル、ウッドブロック等）を用いたやりとり」「スヌーズレン器材（サイドグロウ）を用いた参加者間の自由なやりとり」を行いました。プログラム実践を行う際には、初対面の参加者ということもあったため、「キュッキュッ体操」「楽器を用いたやりとり」「スヌーズレン器材（サイドグロウ）」の内容の説明を若干加えながらプログラムを行いました。それぞれのお子さんのサポーター役は、保護者及び子育て支援コーディネーターが担当しました。

(3) プログラムを行った後の参加者からの感想

　プログラムを行った後に、筆者と参加された方々と意見交流会を行いましたが、参加された方々からは、主として次のような意見が得られました。
- ・これまで、子どもと十分触れあう体験はありませんでしたが、スヌーズレンは、子どもと一緒にできることがよかったです。
- ・五感を刺激することはとても良いです。日常的にできなかった体験ができました。

- スヌーズレンプログラムの際に、自分の子どもに触れることで、子どもがリラックスしていく様子が手に取るようにわかりました。
- 自分の子どもは、情動の起伏が激しい傾向がありますが、スヌーズレン器材に触れることでリラックスできていたことに驚きました。
- 子どもが周囲の様子を見て楽しんでいるようでした。
- 子どもが光遊びに自分から入っていったことに驚きました。
- スヌーズレン器材のサイドグロウをとても集中して触っていました。
- 自分の子どもが普段、動きが少ないので気になっていましたが、スヌーズレンのプログラムの中で他のお子さんの様子をよく見ているのがわかりました。
- 自分が住んでいる地域では、子育てや障がいについて相談できる機関がありません。このようなスヌーズレンのプログラムを通じて、相談できることはありがたいです。
- スヌーズレンについて、もっと知りたいです。
- スヌーズレンのプログラムは、発達障がいのある子どもに効果があるのでしょうか。
- スヌーズレンのプログラムを普段から体験することができるとありがたいです。

(4) 子育て支援施設におけるスヌーズレン実践の意義

　スヌーズレンプログラムを実践している際には、自分の子育てや子どもの発達、障がいの対応など具体的な事例の対応や質問が寄せられました。このことから、参加されている方それぞれが、子育てを含む家庭生活の疑問や悩みを抱えながらも、気軽に相談できる場が少ないということもわかりました。このようなスヌーズレンのプログラムは、地域住民間のつながりを促進することや子育て上の疑問や悩みの解決にも寄与できるのではないかと考えられます。

〔高橋　眞琴〕

2. 放課後等デイサービスにおける利用者の特性とスヌーズレン

　筆者は、音楽による乳幼児発達援助活動を地域で展開してきました。2011年より、児童福祉法に基づく障害児通所事業として、放課後等デイサービス（以下、放デイ）・児童発達支援（以下、児発）を運営しています。利用開始時のアセスメントでは、利用児の生活スキルや行動について保護者、主に母親からの日常生活に関する聞き取りを積極的に行い、利用児の日常生活状況の把握に努めています。その中で集団生活に対する不安や、うまくいかない気持ちをよく聴き取ります。特に小中学校、高等学校、特別支援学校での一日を終えて放デイを利用する子どもたちの中には、疲労してくる子どもがたくさんいます。学校での処理しきれなかった気持ちや感情を切り替えることもできずにそのまま持って来所する子どもも少なくありません。放デイの職員に訴えることのできる子どもには、傾聴や会話することで支援しますが、獏たる不安や怒りを表出できない子どもには、バーバルコミュニケーションとして関わることの難しさをよく感じます。

　発達障がい児の場合、運動協調性障がいや感覚の障がいを併発していることもあり、緊張が強く、リラクゼーションを促すことが必要なお子さんも多いため、アクティビティルームでは、オーシャンスイングやホーススイングなどの感覚統合器材を設置し身体的弛緩を促すプログラムを実施しています。

　そして、手作りのキラキラボトルや、小さなプロジェクションライトや光ファイバーなどでスヌーズレンプログラムを実施します。児発では、ウインドチャイムなどを鳴らしたりしながら感覚遊びをします。子どもたちが、ゆったりと受けることができるスヌーズレンが有効です。それぞれの方法で、何かを感じたり、時には自分から接していくような試みをしたり、ほっとしたり、リラックスしたりできるスヌーズレンを行うことで、子どもたちは、身体的・精神的弛緩状態を体感します。それらの体験をした子どもたちの様子をみていると、受動的に自己の内面に向き合うことで落ち着いたり、弛緩することで自己肯定感が高まったりする様子がみられます。アンガーマネジメントが難しい子どもが内省によって、スヌーズレンの後に自分の気持ちを言語化することもありました。そして、結果的にコミュニケーション能力や協調力の伸長を促進す

るのではないかと推察します。そのような事例からも、一般的に軽度といわれる子どもたちにもスヌーズレンは有効であると実感しています。小さな体験でも続けていきたいと思っています。

放デイや児発でのスヌーズレンルームの設置は簡単ではないのが現状です。現在、財団による助成などにより設置計画を進めているところです。

(横山　由紀)

3. 個人宅におけるリラクゼーション空間としての活用と地域への貢献活動の展開

(1) 個人宅における実践

2017年の冬、わが家の2階にある10畳ほどの部屋をスヌーズレンルームに設定しました。たまたま住宅が広かったこともあり、何か地域社会や本スヌーズレン研究所のために利用できないものかと考えました。器材はまだ十分ではありませんが、とりあえずホワイトルームとブラックライトのコーナーを兼ねた部屋にしてみました。今後も、ルームに改良を加えていく計画です。

長時間論文などを書いて疲れた後に、この部屋に来て、リラクゼーションを目的に、しばしのやすらぎの時間を持つようにしています。筆者の生活の中の至福のひと時になっています。ここでは「スヌーズレン的な活動」で筆者と環境との二項関係を楽しんでいます（第5章第2節2. p116～117参照）。何よりも、気持ちが穏やかになり、心の疲れを癒してくれます。ここで約40分ほど過ごすと、夜はよく眠れて、睡眠も安定しています。

使っている器材と用具は、写真の左から、Yogibo®（以下、ヨギボー）2つ（安楽なクッション用品で必須アイテムです）、床面にLEDのブラックライト、その横に光るボールプール、右側にサイドグロウ、アロマディフューザー（スィートオレン

図1　個人宅のスヌーズレンルーム

ジ）、カラーライティングキューブ（8つの光の色が次々に変化します）、壁面に、ブラックライトで光る夜景、その右にソーラープロジェクター（熱帯魚）の映像がゆっくりと回転しています。

　写真にはありませんが、CDプレイヤーも必須で、よくかける曲は、子ども向けスヌーズレンミュージックです。まだバブルチューブなどの器材はありませんが、今後購入する予定でいます。このスヌーズレンルームは、本スヌーズレン総合研究所の「スヌーズレン実践研修センター」として、今後開催される予定の資格セミナーの際の実技指導のレクチャー会場の一つとして予定しています。

(2) 地域社会への貢献活動

　また地域社会への貢献も視野に入れて活動を開始しています。近隣にある知的障がい者施設に声を掛けたところ、2018年1月より、その施設から重度の知的障がい者1名と職員2名が定期的に、ここのスヌーズレンを1回45分程度利用しています。

　普段は表情が乏しく、施設のホールの隅でしゃがんで下を向いて過ごすことの多いAさん。ここでは、うす暗い環境の中で、複数の色鮮やかな光刺激と心地よい香りと音楽が流れ、しばらく周りの様子を観察した後、顔を上げて良い姿勢で部屋の中を何度も行ったり来たりして、プロジェクターの映像やブラックライトで光るボールを眺めたりして、自分のペースで過ごしていました。

　そのうち、笑顔が何度も見られ、声も出るようになりました。ヨギボーを背にして床に座ると、手の震えが止まりました。そして施設では、普段椅子に座ることのないAさんですが、周りに配置した大き目の椅子にしばらく座ることができました。またそばにいる筆者の手を握ってきて、どこかに連れて行こうとします。このように、安心して情緒的に安定したり、まわりの人への自発的なコミュニケーション行動が見られています。帰り際には、玄関で、筆者の顔をじっくり見て、何か言いたそうにしながら顔を上げて帰って行きました。

　Aさんが2か月後の2回目に来たときは、車から降りると、自分から自発的に家の玄関まで来て、中に入ると、自分で2階に行きたいとばかりに、一

人で階段の所まで来ていました。まだ数回しか来たことがないにもかかわらず、もうすでに場所に見通しを持っていたことがわかりました。この方にとって、前回の体験で、スヌーズレンが楽しい、安心できる時間と空間を過ごせる場になっていたものと推察されます。それを期待してここに来たものと思われます。

スヌーズレンの開始前と終了後で、血圧が20くらい低下し安定していました。スヌーズレンの後、施設に帰ると、穏やかに過ごせていたとの報告を受けています。Aさんは、普段から睡眠は安定していましたが、この日は特に、いつもよりも「よく眠れていました」との報告を受けています。また普段は施設内で、しゃがんで過ごしていることが多いのですが、最近はホールの中でよく動いて歩きまわり、以前に比べて、泣くことや怒ることも少なくなってきているということです。

このように、施設の職員の観察から、ここのスヌーズレンがAさんの生活に何らかの良い変容をもたらしていると思われます。今のところ、血圧の低下や情緒および睡眠の安定、運動の増加と姿勢の向上が確認されています。今後も継続して実践を行い、地域の方々にここのスヌーズレンルームを役立ててもらいたいと考えています。

(姉崎　弘)

参考文献
高橋眞琴（2016）重度・重複障がいのある子どもたちとの人間関係の形成．ジアース教育新社．
高橋眞琴・横山由紀・田中淳一（2017）発達障がいのある子どもたちへの地域連携を基盤とした発達支援 ― 音楽療法による発達支援の実践を通して ―．鳴門教育大学学校教育研究紀要，31，pp49-56．
田中淳一・横山由紀・高橋眞琴（2018）発達障がいのある子どもたちの自立活動上の課題 ― 学校・家庭と地域事業所との連携に向けた自立活動チェックリストの作成（1）―．鳴門教育大学学校教育研究紀要，32，pp45-50．
横山由紀・高橋眞琴（2017）自閉症のある子どもたちのヘッドフォン型デバイス装着に向けた取り組み．鳴門教育大学情報教育ジャーナル，14，pp1-6．

あとがき

　本書においては、スヌーズレンの理論と実践を概説した上で、読者の皆様に実践していただきやすいように実践事例を多く盛り込んだ入門書として、毎月の編集会議で各編者が議論を積み重ね、編集を行ってまいりました。

　編者の1人である私は、今から約20年前に、超重症児のお子さんが多く入院されておられる国立大学医学部附属病院のNICUに娘が入院しておりました関係で、スヌーズレンに出会いました。その後、重度・重複障がいのあるお子さんが在籍されておられる特別支援学校や子育て支援施設、サークル、施設等で、アウトリーチ（訪問）の形でスヌーズレン実践を行ってまいりました。実践の際に出会った、お子さんの笑顔や目の輝きがとても印象的でした。

　今日、インクルーシブ教育の理念の普及や少子高齢化の時代を迎えるにあたり、障がいのある方々の分野、子育て支援の分野、ご高齢の方々の分野をはじめとして、スヌーズレン実践の活用が望まれます。また、企業におけるストレスマネジメントや個人の余暇活動でのリラクゼーションにおいても、スヌーズレン実践を取り入れようとする動きがあります。

　今後は、スヌーズレンに係る専門資格である「スヌーズレン専門支援士（仮称）」の創設に向けて、本テキストの内容を踏まえたシラバス等の策定や資格認定に係る条件整備が行われる予定です。

　日本におけるスヌーズレン実践への普及に向けて、ぜひ、本書を手に取っていただき、実践場面やスヌーズレンに関連する研修会でご活用いただけることを祈念しております。

　最後に、本書の出版に際しては、多数の研究者、実践者の皆様、大学教育出版様にご協力を賜りました。謹んでここにお礼申し上げます。

平成31年2月28日

編者　高橋　眞琴

付録　フェイスシート

スヌーズレン教育の個別アセスメントシート（ASSE for CPMD）（試案）
(Asscement Seet on Snoezelen Education for Children with Profound Mutiple Disabilities)

人との関わりと感覚面の実態・目標（個別）

項　目	実　態	目　標 （願い・ニーズ）
人との関わり		
視覚		
聴覚		
触覚		
嗅覚		
味覚		
前庭感覚		
固有受容覚		

・個別の指導計画とリンクさせます。

スヌーズレンの授業の全体目標（個人別）

- ・
- ・
- ・

・集団の授業では、個々の児童生徒のアセスメントシートを元に授業全体としての目標・内容を設定します。

〈スヌーズレン環境の設定と指導者の関わり方のポイント〉

スヌーズレン環境の設定	指導者の関わり方の基本	配慮事項

児童・生徒氏名 _____

学部・学年・類型 _____

性別　男・女　指導者名 _____　記入日 _____

領域別の実態把握シート

〈人との関わり〉　　　　　　　　（記入例）

	1回目　　年　　月	2回目　　年　　月
本人の好む関わり方	□近くの人の顔をよく見る ・姿勢を安定させる □体を抱かれるのが好き □	
配慮事項 （不快な関わり方等）		

〈視　覚〉

	1回目　　年　　月	2回目　　年　　月
本人の好む刺激と刺激の提示の仕方	□光ファイバーをよく見つめる ・右側から提示するとよく見る □	
配慮事項 （不快な刺激や関わり方等）	・光刺激で時々発作を起こすことがある	

〈聴　　覚〉

	1回目　　年　　月	2回目　　年　　月
本人の好む刺激と刺激の提示の仕方	□オルゴール曲が好き ・音量を小さめにする □ □	
配慮事項 （不快な刺激や関わり方等）	・大きな音量を嫌う	

〈触　　覚〉

	1回目　　年　　月	2回目　　年　　月
本人の好む刺激と刺激の提示の仕方	□柔らかい素材が好き ・手の甲の刺激を好む □ □	
配慮事項 （不快な刺激や関わり方等）	・顔を触られるのを嫌う	

〈前庭感覚・固有受容覚〉

	1回目　　年　　月	2回目　　年　　月
本人の好む刺激と刺激の提示の仕方	☐体を揺らされるのが好き ・ハンモックでゆっくりと揺らす ☐	
配慮事項 (不快な刺激や関わり方等)	・体位の変換を嫌う	

〈嗅覚・味覚〉

	1回目　　年　　月	2回目　　年　　月
本人の好む刺激と刺激の提示の仕方	☐柑橘類の香りが好き ・淡い香りを好む ☐甘いアイスクリームが好き ・少量ずつ与える	
配慮事項 (不快な刺激や関わり方等)		

(姉崎　弘)

執筆者一覧（執筆順）

姉崎　弘
　常葉大学教育学部　教授
　担当：まえがき　1章1節1〜8　2節1〜3　3節1〜7　2章1節1、2、3（1）、4　2節　3章1節1、2　4章1節　5章1節　2節2　3節　4節3　6章2節1、3　5節3

高橋　眞琴
　鳴門教育大学大学院学校教育研究科　教授
　担当：2章1節3（2）　3章2節1　4章2節2　5章2節1　4節2　6章1節4　5節1　あとがき

清水　千裕
　社会福祉法人　三央会　生活介護事業所　りんてらす　副施設長
　担当：2章1節5

北野　真奈美
　関西学研医療福祉学院作業療法学科　専任教員
　担当：3章1節3

田中　淳一
　鳴門教育大学大学院学校教育研究科　教授
　担当：3章2節1

橋本　翠
　吉備国際大学心理学部　准教授
　担当：3章2節2

桃井　克将
　徳島文理大学保健福祉学部人間福祉学科　講師
　担当：3章2節3

遠藤　浩之
　常葉大学保健医療学部作業療法学科　准教授
　担当：3章2節4

嶺　也守寛
　　東洋大学ライフデザイン学部　准教授
　　担当：4章2節1

井上　和久
　　大谷大学文学部　准教授
　　担当：5章4節1

中塚　志麻
　　神戸大学大学院保健学研究科　研究員
　　担当：6章1節1

豊見本　公彦
　　沖縄県立那覇特別支援学校　教諭
　　担当：6章1節2

長井　恵李
　　和歌山県立紀北支援学校　教諭
　　担当：6章1節3

大﨑　淳子
　　伊勢市立神社小学校　講師
　　担当：6章2節1

東　法子
　　兵庫県赤穂市立城西小学校　教諭
　　担当：6章2節2

森　一夫
　　国立病院機構　天竜病院療育指導室　代表療育指導室長
　　担当：6章3節1

江頭　紀子・工藤　麻由子
　　国立病院機構東佐賀病院保育士（江藤）・療育指導室長（工藤）
　　担当：6章3節2

本村　優紀・中原　佐代子
　　福岡病院療育指導室　療育指導室長（中原）・保育士（本村）
　　担当：6章3節3

新岡　美樹
社会福祉法人ノテ福祉会　特別養護老人ホームふるさと　スヌーズレン開発推進室室長
ノテ地域包括ケア総合相談センター
介護老人保健施設　げんきのでる里　リハビリテーション室　課長
担当：6章3節4

渡邊　千恵子・菊井　武史
社会福祉法人牧ノ原　やまばと学園　ケアセンターかたくりの花　施設長（渡邊）・主任生活支援員（菊井）
担当：6章4節1

阿尾　朋
東京家政学院大学現代生活学部　准教授
前　国立病院機構 静岡てんかん・神経医療センター　主任児童指導員
担当：6章4節2

川合　由美
浜松市発達医療総合福祉センター障害者生活介護施設「ふれんず」施設長
担当：6章4節3

横山　由紀
特定非営利活動法人トレッペン　理事
担当：6章5節2

■監修・編著者紹介

姉崎　弘（あねざき・ひろし）
現　　職：常葉大学教育学部教授
最終学歴：筑波大学大学院修士課程教育研究科修了
学　　位：教育学修士
主　　著：姉崎　弘編著（2017）「特別支援教育（第4版）― インクルーシブな共生社会をめざして」（大学教育出版）
そ の 他：ISNA日本スヌーズレン総合研究所所長
　　　　　元ISNA-MSE International Board
　　　　　国際スヌーズレン専門支援士

■編著者紹介

高橋真琴（たかはし・まこと）
現　　職：鳴門教育大学大学院学校教育研究科教授
最終学歴：神戸大学大学院人間発達環境学研究科博士課程後期課程修了
学　　位：博士（教育学）

井上和久（いのうえ・かずひさ）
現　　職：大谷大学文学部准教授
最終学歴：兵庫教育大学大学院連合学校教育学研究科修了
学　　位：博士（学校教育学）

桃井克将（ももい・かつまさ）
現　　職：徳島文理大学保健福祉学部人間福祉学科講師
最終学歴：神戸大学大学院人間発達環境学研究科博士課程後期課程修了
学　　位：博士（学術）

スヌーズレンの理論と実践方法
― スヌーズレン実践入門 ―

2019年3月31日　初版第1刷発行

■監修・編著者――姉崎　弘
■発　行　者――佐藤　守
■発　行　所――株式会社 大学教育出版
　　　　　　　〒700-0953　岡山市南区西市855-4
　　　　　　　電話(086)244-1268㈹　FAX(086)246-0294
■印刷製本――モリモト印刷㈱
■Ｄ Ｔ Ｐ――林　雅子

© Hiroshi Anezaki 2019, Printed in Japan
検印省略　　落丁・乱丁本はお取り替えいたします。
本書のコピー・スキャン・デジタル化等の無断複製は著作権法上での例外を除き禁じられています。本書を代行業者等の第三者に依頼してスキャンやデジタル化することは、たとえ個人や家庭内での利用でも著作権法違反です。

ISBN978-4-86692-009-2